Thomas Blubacher

ABC der Bühnensprache

Thomas Blubacher

ABC der Bühnensprache

333 Begriffe, die Sie kennen sollten

Henschel

www.henschel-verlag.de
www.seemann-henschel.de

Bibliografische Information der Deutschen Nationalbibliothek
Die Deutsche Nationalbibliothek verzeichnet diese Publikation in der Deutschen Nationalbibliografie; detaillierte bibliografische Daten sind im Internet über http://dnb.d-nb.de abrufbar.

ISBN 978-3-89487-769-9

Lektorat: Susi Saussenthaler, Leipzig
Umschlaggestaltung: Ingo Scheffler, Berlin
Satz: Das Herstellungsbüro, Hamburg
Druck und Bindung: CPI – Ebner & Spiegel, Ulm
Printed in Germany

Inhalt

Vorwort

Wer wissen will, was eine »AMA«, die »Nullgasse« und die »Z-Brücke« sind, wie man ein Haus »wattiert« und wozu man »Gaffer« benutzt, wer die Unterschiede zwischen einem »Ablauf« und einem »Durchlauf«, einem »Fresnel« und einem »Profiler« kennenlernen will und wer erfahren möchte, wo sich im Theater links, wo rechts befindet, was beim »Toitoitoi«-Wünschen zu beachten ist und worin die »Residenzpflicht« besteht, der wird hier fündig – und lernt ganz nebenbei einige bekannte Anekdoten und Bonmots kennen.

Das »ABC der Bühnensprache« erklärt die wichtigsten Begriffe aus der Theaterpraxis: Bühnenjargon ebenso wie Technisches, Bauliches, Organisatorisches und Rechtliches – jedoch keine Begriffe aus der Dramentheorie und allenfalls am Rande Historisches; die Stichwörter »Fabel« und »Drehpunkt«, »Kothurn« und »Periakten« wird man also vergeblich suchen. Aufgeführt und skizziert werden hingegen die wichtigsten Theaterberufe – wer sich detaillierter für deren Aufgaben und die entsprechenden Ausbildungsgänge interessiert, dem sei die Homepage des Deutschen Bühnenvereins empfohlen.

Dass, außer in einigen konkreten Beispielen, alle Berufsbezeichnungen im Maskulinum stehen, ist – wie auch der Verzicht auf Verweise innerhalb der einzelnen Artikel – der besseren Lesbarkeit geschuldet. Wo von Schauspielern oder Intendanten die Rede ist, sind also selbstverständlich auch Schauspielerinnen und Intendantinnen gemeint, und konsequenterweise ist selbst vom Souffleur die Rede, obwohl man dessen weibliches Pendant weitaus häufiger antrifft.

Zwar wurde versucht, neben der deutschen auch die Theaterpraxis in der Schweiz und Österreich zu beschreiben, doch sei ausdrücklich darauf hingewiesen, dass sich diese in manchen Aspekten von Bühne zu Bühne unterscheidet – nicht alle Varianten können hier aufgeführt oder gar erläutert werden. Wer ein neues Engagement antritt, darf sich also nicht wundern, wenn man in Aachen manche Aufgaben anders verteilt als in Annaberg, in Linz und Luzern Abläufe unterschiedlich regelt und in Zürich nicht immer dieselben Begriffe verwendet wie in Zwickau.

ABC der Bühnensprache

Abdeckfahnen
Freihängenden oder auf Rahmen gespannten Stoff, oft Molton, der den Blick des Zuschauers zum Beispiel auf Beleuchtungskörper verdecken soll, wie auch Metallfahnen, die an Scheinwerfern zur Begrenzung des Streulichts dienen, nennt man Abdeckfahnen.

Abenddienst
Als Abend- oder Publikumsdienst bezeichnet man die Gesamtheit des Einlass- und Garderobenpersonals, also die Schließer, die Verkäufer der Programmhefte und die Betreuer der Publikumsgarderoben. Zwar gehören sie mit dem Kassenpersonal zu den ersten sichtbaren Repräsentanten des Theaters, sind manchmal aber gar nicht dort, sondern bei externen Firmen angestellt; so wurde beispielsweise der Publikumsdienst der Wiener Bundestheater 1996 an ein dänisch-britisches Security-Unternehmen ausgelagert.

Abenddienst nennt man zudem den abendlichen Arbeitseinsatz anderer am Theater Beschäftigter, also zum Beispiel der Bühnenhandwerker. Auch die Mitglieder der Leitung und der Dramaturgie versehen an vielen Bühnen im Turnus einen Abenddienst, sind vor und während der Vorstellung im Haus präsent und halten, wie es im Theaterjargon – auch in Bezug auf die Tätigkeit des Abendspielleiters – heißt, »Stallwache«.

Abendgage ➤ Gage

Abendkasse ➤ Theaterkasse

Abendspielleiter
Der für die sogenannte Abendregie verantwortliche Abendspielleiter – gewöhnlich der an der Erarbeitung der Inszenierung beteiligte Regieassistent, beim Ballett der Ballettmeister, im Musical, bezogen auf den Tanz, der Dance Captain – ist für den szenischen Ablauf einer Vorstellung gemäß dem Regiebuch und das Aufrechterhalten der künstlerischen Qualität verantwortlich. Ihm obliegt also ihre künstlerische Überwachung, während der Inspizient die Verantwortung für den zeitlichen und technischen Ablauf trägt. Nach jeder Vorstellung un-

terzeichnet der Abendspielleiter das Vorstellungsprotokoll, das er an manchen Theatern selbst anfertigt. Werden Umbesetzungen erforderlich, weist der Abendspielleiter die neuen Schauspieler oder Sänger ein. Müssen vor der Vorstellung dem Publikum eine Umbesetzung oder die Indisponiertheit eines Darstellers annonciert werden oder erfordern unvorhergesehene Vorkommnisse während der Aufführung eine Ansage, ist dies ebenfalls Aufgabe des Abendspielleiters, mitunter auch des mit dem Abenddienst betrauten Vorstandes oder Dramaturgen.

Aberglaube

Extrem unbeliebt machen sich Menschen, die auf der Bühne pfeifen, und oft werden sie von älteren Kollegen barsch zurechtgewiesen. Das hat, nach Meinung mancher, mit dem Auspfeifen zu tun, das kein Künstler gerne beim Applaus hört, rührt aber wohl eher von dem pfeifenden Geräusch her, das Gaslampen von sich gaben, wenn Gas ausströmte, was leicht einen Brand verursachen konnte. Eine weitere Erklärung ist, dass früher viele Bühnenhandwerker ehemalige Seeleute waren, die die Gewohnheit hatten, mit Pfeifsignalen vor Gefahren zu warnen. Hörte man einen Pfiff, fürchtete man also eine umfallende Kulisse oder einen aus dem Schnürboden herabstürzenden Zug. Man darf auf der Bühne, wohl aus Ehrfurcht vor dem »heiligen« Theater, keine private Kopfbedeckung tragen und keinen privaten Mantel; einst galt das auch für allen privaten Schmuck, doch ist das im Zeitalter der Intimpiercings weitgehend in Vergessenheit geraten. Dass man hinter der Bühne nicht isst, ist dem Respekt vor den arbeitenden Darstellern geschuldet; früher mag der Verzehr von Butterbroten oder ähnlichem indes auch unerwünschte Mäuse angelockt haben. Der wohl schlimmste Fehler aber, den man begehen kann, ist, sich für ein Toitoitoi zu bedanken. In England vermeidet man den Titel von Shakespeares MACBETH und spricht stattdessen vom »schottischen Stück«, und eine nicht benutzte Bühne muss dort stets durch ein *ghost light* erhellt werden. Auch glaubt man, es bringe Unglück, bei den Proben die letzten Worte eines Stückes auszusprechen, auf der Bühne Pfauenfedern zu tragen oder vor der Premiere Blumen zu verschenken – man überreicht sie stets danach.

Abgangsapplaus

heißt der Beifall, den ein Schauspieler nach einer besonders eindrücklich oder besonders komisch gespielten Szene bei seinem Abgang, also dem Verlassen der Bühne, erhält. Oft würdigt das Publikum so die gelungene Darstellung einer Nebenrolle wie etwa des ramponierten Hochstaplers Riccaut de la Marlinière in Lessings MINNA VON BARNHELM.

Abgespielt

Hat die letzte Vorstellung einer en suite gezeigten Inszenierung stattgefunden oder wird eine Aufführung aus dem Repertoire der Spielzeit genommen, und ist auch keine spätere Wiederaufnahme vorgesehen, sagt man, die Inszenierung sei »abgespielt«. Die Theaterleitung veröffentlicht diese Information am Schwarzen Brett, verbunden mit der Aufforderung, das entsprechende Notenmaterial in der Bibliothek abzugeben; die Textbücher der Schauspieler verbleiben hingegen in deren Besitz. Wichtig ist die Entscheidung, ob eine Aufführung endgültig als abgespielt gilt, nicht zuletzt im Hinblick auf die eingelagerten Kulissen: Sie können nun zerlegt und entsorgt oder – zum Beispiel mit einer neuen Lackierung versehen – für andere Produktionen benutzt werden. Die verwendeten Kostüme und Requisiten kommen bis zu ihrem nächsten Einsatz in den Fundus.

Ablauf

Probt man ein Stück bzw. einen Teil davon »im Ablauf«, heißt das, die einzelnen Szenen werden in chronologischer Folge geprobt – oder wie es im Theaterjargon auch heißt: probiert. Anders als bei einem Durchlauf unterbricht der Regisseur für Korrekturen.

Abnehmen

Bertolt Brecht forderte: »Ein Schauspieler muss dem andern die Replik abnehmen wie ein Tennisspieler dem andern den Tennisball.« Der Ton des vorher Sprechenden wird in diesem Falle also aufgefangen und weitergeleitet. Andererseits kann es unerwünscht sein, dass ein Schauspieler sich von der Erregung oder der Larmoyanz seines Bühnenpartners anstecken lässt, dann gibt der Regisseur die Anweisung: »Nimm nicht den Ton ab!«

Abonnement

Ein Abonnent erwirbt nicht nur ein einzelnes Billett, sondern das Anrecht auf Eintritt für mehrere Vorstellungen einer Spielzeit. Abonnements, daher auch Anrecht oder (Platz-)Miete genannt, gibt es in einer

Vielzahl verschiedener Formen: als Premierenabonnement, also einen festen Platz in mehreren oder sogar allen Premieren eines Theaters, oder als Anrecht auf eine vereinbarte Anzahl von Vorstellungen an einem festgelegten Wochentag (also zum Beispiel ein Dienstags-Abo) oder ausschließlich nachmittags. Angeboten werden sogenannte gemischte Abonnements und solche, die Vorstellungen einer Sparte wie etwa Oper oder Tanztheater umfassen oder sogar nur bestimmter Genres, also etwa eine Auswahl unterhaltsamer Stücke. Manche Theater unterscheiden die Vollmiete, die alle Neuinszenierungen einer Spielzeit umfasst, und verschiedene Teilmieten, andere bieten Abonnements für spezielle Besuchergruppen an, beispielsweise eine »Landmiete« für Zuschauer aus dem Umland oder, wie das Theater Heilbronn, gar eine »Landfrauenmiete«. Nicht ganz so stark vergünstigt wie das konventionelle Abonnement, mit dem man zwischen 10 und 40 Prozent Preisnachlass auf den Einzelverkauf erhält, ist das Wahlabonnement. Mit ihm erwirbt man eine Art Gutscheinheft, oft »Theaterschecks« genannt, für eine bestimmte Anzahl von Karten und kann frei auswählen, welches Stück aus dem Gesamtangebot man wann sehen will – vorausgesetzt, die entsprechende Platzkategorie ist noch nicht ausverkauft. Viele Bühnen offerieren inzwischen analog zur »BahnCard« der Deutschen Bahn auch den Kauf einer »TheaterCard«, mit der man eine prozentuale Ermäßigung auf beliebig viele Eintrittskarten erhält.

Die Vorteile eines herkömmlichen Abonnements für den Zuschauer sind neben einer deutlichen Preisreduktion ein fester Platz und die Garantie, besonders gefragte und damit stets ausverkaufte Inszenierungen sehen zu können. Zudem senden viele Bühnen ihren Abonnenten das Spielzeitheft, den Monatsspielplan und die hauseigene Zeitschrift gratis zu. Die Theater wiederum können dank der Abonnenten Auslastung und Einnahmen besser kalkulieren, und manch unbekanntes Werk findet durch die Aufnahme in eine oder mehrere Abo-Reihen deutlich mehr Zuschauer als ausschließlich im freien Verkauf. Zudem sind Abonnements, die sich um eine weitere Spielzeit verlängern, wenn sie nicht rechtzeitig gekündigt werden, natürlich ein probates Instrument der Zuschauerbindung.

Manche Theatermacher betrachten die als geschmackskonservativ verschrienen Abonnenten als Feinde, andere versuchen zähneknirschend, deren vermeintliche Erwartungen zu berücksichtigen. Aber wie wusste schon Fritz Kortner? »Das Publikum ist verführbar – selbst zum Guten.«

Abstecher
nennt man die (regelmäßigen) Gastspiele eines Theaters an anderen Orten. Landesbühnen haben die Verpflichtung, Gemeinden, die über kein eigenes Ensemble verfügen, mit Theater zu versorgen (zu »bespielen«, wie es heißt), und absolvieren folglich einen beträchtlichen Teil ihrer Vorstellungen auf Abstechern. Dies bringt nicht nur einen hohen organisatorischen Aufwand mit sich, sondern erfordert eine spezifische und langfristige Planung in vielen Bereichen. So muss man etwa die Bühnenbilder auf den unterschiedlich großen Bühnen, nicht selten auch in Mehrzweckhallen oder Schulaulen, die nicht über Schnürboden oder Seitenbühne verfügen, schnell und einfach auf- und abbauen können. Auch von den Darstellern wird angesichts der fast täglich wechselnden akustischen und räumlichen Verhältnisse eine hohe Flexibilität verlangt. Meist erhalten sie auf Abstechern zusätzlich zur Gage eine Tagespauschale als »Zehrgeld«, die sogenannten Diäten.

Akt
Viele Dramen gliedern sich in Akte oder Aufzüge: in der Regel in sich geschlossene Handlungsabschnitte, die wiederum in Szenen und/oder Auftritte unterteilt sind. Man spricht also beispielsweise von der ersten Szene des dritten Aktes, wobei der Akt mit einer römischen, die Szene mit einer arabischen Ziffer notiert wird: Auf dem Probenplan erscheint »III, 1«.

Der ältere Ausdruck Aufzug verdeutlicht den traditionellen, mit dem Schließen und Öffnen des Vorhangs verbundenen Wechsel der Kulissen zwischen zwei Akten.

Alternieren
Zwei oder mehr Darsteller übernehmen dieselbe Rolle oder Partie und spielen die entsprechenden Vorstellungen abwechselnd. Im Musiktheater geschieht dies aus Gründen der Disposition oder um die Stimmen der Sänger nicht übermäßig zu beanspruchen. Eine alternierende Besetzung kann aber auch künstlerisch reizvoll sein: So gaben etwa Horst Caspar und Will Quadflieg alternierend Faust und Mephisto in Goethes URFAUST.

AMA
Das Kürzel AMA (»Alles mit allem«) bezeichnet eine Ablauf-Probe in originaler Ausstattung, also im Bühnenbild, in Kostüm und Maske. Da

die AMA die Probe vor der sogenannten HP 1, der ersten Hauptprobe, ist, wird sie auch »Nullerprobe« genannt. Während Haupt- und Generalproben keine festgelegte Endzeit haben, muss die AMA innerhalb der normalen Probenzeiten stattfinden.

Anfänger

Als Anfänger gelten Schauspieler und Sänger in den ersten beiden Spielzeiten nach Abschluss ihrer drei- bis vierjährigen Ausbildung. Da sie üblicherweise die Mindestgage erhalten, nennt man diese auch »Anfängergage«. Laut Normalvertrag Bühne gilt für Choristen und Tänzer nur das erste Jahr nach Abschluss der Ausbildung als Anfängerjahr; in diesem beträgt ihre Gage mindestens 75 Prozent des Tarifgehalts.

Ankleider

Die Ankleider, auch Garderobiers oder Garderober, englisch *dressers* und französisch *habilleurs* genannt, pflegen nicht nur die ihnen anvertrauten Kostüme, sondern oft auch die Seelen der Akteure. Sie nähen abgefallene Knöpfe an, bessern andere kleine Schäden aus, geben die Kostüme in die Reinigung und zur Reparatur in die Schneiderei, legen die richtigen Kostüme und Kostümteile in den Künstlergarderoben bereit und helfen beim Anziehen, nicht zuletzt bei schnellen Umzügen während der Aufführung, die aus Zeitgründen häufig direkt hinter den Kulissen stattfinden müssen. Überwacht wird diese Arbeit vom Ankleidemeister.

Darüber hinaus versorgen diese aufopferungsvollen guten Geister die Darsteller mit Kaffee und sonstigen Getränken, Kopfschmerztabletten, Pflastern – und mit Zuspruch und Trost, kann doch der Regisseur eine schlechte Adresse für Verzweifelte sein. So erwiderte Kortner einem Schauspieler, der meinte, er wolle am liebsten sterben: »Warum sagen Sie das mir? *Ich* kann Sie doch nicht umbringen!«

Anprobe

Gewöhnlich bedarf es mehrerer Anproben (englisch: *fittings*, französisch: *essayages de costumes*), bis ein Kostüm bereit zur Verwendung auf der Bühne ist. Der – üblicherweise vor Beginn oder nach Ende seiner Vormittagsprobe – zur Anprobe in die Schneiderei bzw. einen angrenzenden, speziell für Anproben reservierten Raum bestellte Darsteller probiert Kostüme oder Kostümteile aus dem Fundus oder zieht das neu hergestellte, noch unfertige Kostüm an, damit der Kostümbildner die ästhetische Wirkung überprüfen und mit dem Gewandmeister Änderungen besprechen kann. Dieser wiederum steckt bei der Anprobe unter anderem Bein-, Rock- und Armlängen, Taillen- und Kragenweite ab. Die letzte Anprobe des fertigen Kostüms dient zudem dazu, die zu diesem und natürlich der Rolle am besten passenden Accessoires wie Schuhe, Handschuhe, Uhren und Schmuck auszuwählen.

Anschluss
Spielt ein Schauspieler »auf Anschluss«, platziert er seine Replik unmittelbar nach der des Partners, lässt also keine Pause und schon gar kein »Loch« entstehen.

Ansehrolle
Ein durch Nichtverlängerung des Vertrages ausscheidender Schauspieler hat das Recht auf eine angemessene Rolle in einer Neuproduktion der aktuellen Saison, üblicherweise in der »Ansehzeit« zwischen Dezember und März/April, damit er sich potentiellen neuen Arbeitgebern präsentieren, d.h. von Intendanten, Regisseuren oder Dramaturgen anderer Bühnen »angesehen« werden kann. Dieser Beschäftigungsanspruch ist festgeschrieben im Normalvertrag Bühne.

Anspielen
Erhält ein Darsteller vom Regisseur die Anweisung, einen Gegenstand, also etwa einen auf dem Tisch liegenden Brief, »anzuspielen«, soll er die Aufmerksamkeit der Zuschauer darauf lenken. Anspielen kann man natürlich nicht nur Dinge, sondern auch einen Partner. Spielt ein Darsteller jedoch gegen etwas an, so agiert er trotz Hindernissen oder Widerständen wie eines schlecht ausgesteuerten Mikroports oder einer nur mühsam zu bewältigenden Bühnenschräge.

Antrittsrolle ➤ Debüt

A-part-Sprechen
Obschon eine Bühnenfigur laut ihre Gedanken ausspricht, sich zum Beispiel über eine andere Figur echauffiert, das Geschehen trocken kommentiert oder eine verborgene Wahrheit offenbart, reagieren die anderen Figuren nicht darauf. Was der Schauspieler – bei der italienischen Commedia dell'Arte des 17. Jahrhunderts einst im wahrsten Sinne des Wortes hinter vorgehaltener Hand – spricht, ist also fürs

Publikum laut vernehmlich, seine Kollegen tun jedoch so, als hörten sie ihn nicht. Dieses vor allem in Komödien verwendete, heute weitgehend aus der Mode gekommene Stilmittel nennt man A-part- oder auch Beiseite-Sprechen.

Applaus

Der Beifall der Zuschauer ist bekanntlich der wahre Lohn des Künstlers und wertvoller als die höchsten Gagen. Der oft synonym verwendete Begriff Applaus umfasst eigentlich die Gesamtheit aller akustischen Publikumsreaktionen, zustimmende wie rhythmisches Klatschen, Trampeln und Bravorufe ebenso wie ablehnende, also Pfiffe und Buhrufe. Begrüßt das Publikum einen Künstler, wenn er erstmals die Bühne betritt, erhält dieser Auftrittsapplaus, das Klatschen beim Abgang heißt Abgangsapplaus. Spendet das Publikum während der Aufführung spontan Beifall, spricht man von Szenenapplaus. Beifall kann höflich, anerkennend, herzlich, stark, heftig oder frenetisch sein, aber, wenn das Publikum »auf den Händen sitzt«, auch zurückhaltend, schwach, spärlich oder, wie es so schön heißt, endenwollend. Applaudiert das Publikum stehend – einst Zeichen einer außergewöhnlichen Anerkennung, heute bei Musicals an der Tagesordnung –, spricht man von einer *standing ovation*. Bezahlten Applaus liefert die Claque. Wird der Vorhang bei verebbendem Applaus geschlossen und so rasch wieder aufgezogen, dass das Publikum quasi weiterapplaudieren muss, spricht man vom »Vorhänge schinden«: Deren Zahl, genauer gesagt, die des Schließens und abermaligen Öffnen des Spielvorhangs, gilt als Indikator für den Erfolg und wird im Vorstellungsprotokoll festgehalten. Die Blumen, die gelegentlich während des Schlussapplauses überreicht oder von Zuschauern auf die Bühne geworfen werden, nennt man im Theaterjargon »Triumphgemüse«.

Applausordnung

Sie wird vom Regisseur festgelegt und bestimmt die oft kunstvoll ausgeklügelte Reihenfolge, in der sich die Mitwirkenden am Ende der Vorstellung einzeln oder in Gruppen verbeugen, um den Beifall des Publikums entgegenzunehmen. Da die Applausordnung, die nach der zweiten Hauptprobe oder der Generalprobe einstudiert wird, als Bestandteil der Inszenierung gilt, ist die Teilnahme in der vereinbarten Weise verbindlich, wobei sich an der Premiere alle Mitwirkenden, bei weiteren Vorstellungen nur noch diejenigen verbeugen müssen, die nach der Pause beschäftigt waren. Der Regieassistent verschriftlicht die Applausordnung (englisch: *curtain call*) und hängt sie im Bühnenbereich in mehreren Exemplaren aus. Zudem überwachen Inspizient und Abendspielleiter sowie an Premieren meist der Regisseur selbst von einer Gasse aus die richtige Abfolge und schicken unter Umständen bei abebbendem Beifall einen besonders beliebten Darsteller alleine auf die Bühne, damit er den Applaus noch einmal »anzieht«. Sie treffen auch die Entscheidungen, wann sich der Vorhang schließt und gegebenenfalls wieder öffnet, wann er endgültig fällt und das Saallicht angeht.

Arbeitsvorsprechen ➤ Vorsprechen

Arie
Als Arie (vom italienischen *aria* = Luft) bezeichnet man in der Oper ein solistisch vorgetragenes Gesangsstück. Traditionell ist die aus wenigen Textzeilen bestehende Arie im Gegensatz zum wesentlich texthaltigeren, aber kompositorisch schlichteren Rezitativ nicht sehr handlungsfördernd und vermittelt eher Stimmungen. Sind an einem Stück mehrere Sänger beteiligt, spricht man von einem Ensemble oder gemäß ihrer Zahl von einem Duett, Terzett, Quartett etc.

Arrangierprobe ➤ Stellprobe

Audition ➤ Vorsprechen

Auffassung ➤ Regisseur

Auftritt
heißt die kleinste strukturelle Einheit des Dramas: Wenn eine Figur die Bühne verlässt oder betritt, beginnt ein neuer Auftritt. Dieser Begriff wird – in französischer Tradition – häufig gleichbedeutend mit Szene verwendet. Molières Komödie DER GEIZIGE etwa ist in fünf Aufzüge bzw. Akte gegliedert, die wiederum in Szenen unterteilt sind. Neue Szenen beginnen nicht mit einem Schauplatzwechsel, sondern mit dem Auftritt oder Abgang einer Figur. Dagegen sind Schillers RÄUBER in fünf Akte im Sinne von Handlungsabschnitten gegliedert, die in Szenen unterteilt sind, wobei mit jedem Szenen- ein Schauplatzwechsel verbunden ist; diese Szenen lassen sich in einzelne Auftritte strukturieren. Als Auftritt bezeichnet man auch das Erscheinen eines Darstellers auf

der Bühne. Fragen Schauspieler auf der Probe: »Wo soll ich auftreten?«, bekommen sie schon mal zur Antwort: »Tritt nicht auf, komm herein.«

Auftrittsapplaus
nennt man das anerkennende Klatschen, mit dem das Publikum einen besonders beliebten oder prominenten Künstler bei seinem ersten Erscheinen auf der Bühne begrüßt. Auch der Dirigent erhält, wenn er vor der Aufführung seinen Platz im Orchestergraben einnimmt, traditionell Beifall.

Aufzug ➤ Akt

Auge von außen ➤ Regisseur

Ausbruch
»Verlangt nun gar die Rolle irgend einen Ausbruch der physischen Kraft, die dem Schauspieler mangelt, und behilft der sich mit irgend einem, in der Regel schlecht gewählten Surrogat, so läuft er Gefahr, lächerlich zu werden«, warnte E.T.A. Hoffmann. Als Ausbruch bezeichnet man das eruptive Freilassen bis dahin zurückgehaltener intensiver Emotionen. Erfordert die Rolle einen »großen Ausbruch«, neigen manche Darsteller dazu, diesen auf Proben zunächst nur zu markieren, andere hingegen spielen ihn mit wohlkalkulierten Mitteln jederzeit aus dem Stand.

Ausstattung
Der Begriff meint die Gesamtheit aller optischen Gestaltungsmittel einer Aufführung. Er wird vorwiegend verwendet, wenn dieselbe Person Bühnenbild und Kostüme sowie unter Umständen auch die Lichtgestaltung verantwortet.

Ausstattungsleiter
Dieser fest angestellte Bühnenbildner hat die künstlerische Oberaufsicht über alle an seinem Theater erstellten Bühnenbilder. Er koordiniert die Wünsche der Gastbühnenbildner und die Kapazitäten der Werkstätten, sucht bei Konflikten nach Lösungen, kalkuliert die Kosten und sorgt für die Einhaltung des Etats, bestellt die notwendigen Materialien, plant und koordiniert sämtliche Arbeiten der einzelnen

Werkstätten und überwacht die Herstellung aller Dekorationsteile. Die Arbeit des Ausstattungsleiters wird an größeren Häusern unterstützt durch festangestellte Bühnenbildassistenten und ergänzt durch die Mitarbeiter des Entwurfsbüros: Produktionsleiter (gewöhnlich Ingenieure für Veranstaltungstechnik) und technische Zeichner. An vielen Häusern ist der Ausstattungsleiter zudem Dienstvorgesetzter für die Abteilungen Kostüm, Maske und Requisite.

Auszeichnungen

Der Iffland-Ring mit dem Bild des Schauspielers und Theaterdirektors August Wilhelm Iffland wird von seinem Träger testamentarisch an den »jeweils bedeutendsten und würdigsten Bühnenkünstler des deutschsprachigen Theaters« verliehen. Erster Träger soll Ludwig Devrient gewesen sein, gemäß dem Vermächtnis des Schauspielers Josef Meinrad besitzt den Iffland-Ring seit 1996 Bruno Ganz. 1978 stiftete die österreichische Bundesregierung als weibliches Pendant den nach der 1977 verstorbenen Burgschauspielerin benannten Alma-Seidler-Ring, dessen zweite Trägerin seit Paula Wesselys Tod im Jahr 2000 Annemarie Düringer ist, die Doyenne des Burgtheaters. Zu den zahlreichen weiteren Ehrungen für Bühnenkünstler im deutschsprachigen Raum gehört der seit 1932 ebenfalls auf Lebenszeit an eine Schauspielerin verliehene Louise-Dumont-Topas. Nicht für das Lebenswerk, sondern für eine herausragende darstellerische Leistung vergeben die Deutsche Akademie der Darstellenden Kunst und die Stadt Bensheim seit 1986 jährlich den Gertrud-Eysoldt-Ring. Eine der bedeutendsten Auszeichnungen in der Sparte Tanz ist seit 1983 der Deutsche Tanzpreis, den seit 2005 der Verein zur Förderung der Tanzkunst e.V. und der Deutsche Berufsverband für Tanzpädagogik verleihen.

Die höchste Auszeichnung im Theaterleben der Schweiz, der Hans-Reinhart-Ring, wird seit 1957 jährlich von der Schweizerischen Gesellschaft für Theaterkultur bzw. seit 2014 vom Bundesamt für Kultur an darstellende Künstler aller Sparten, Regisseure, Choreografen, Bühnenbildner etc. vergeben. In Österreich verleiht man alljährlich den Nestroy, in der Bundesrepublik schuf man – wohl als Pendant dazu – den Faust. International ist die Zahl der Theaterpreise immens. Als wichtigster amerikanischer gilt der seit 1947 jährlich für herausragende künstlerische Leistungen am Broadway vergebene »Tony« (eigentlich Antoinette Perry Award), an West-End-Produktionen wird seit 1976 in London der Laurence Olivier Award verliehen, und in Frankreich erhalten die besten französischsprachigen Bühnenproduktionen und Theaterschaffenden des jeweils vergangenen Jahres seit 1987 den Prix Molière.

Selbstverständlich ist die Ernennung zum Staatsschauspieler, Kammerschauspieler oder Kammersänger ebenfalls eine Auszeichnung, und auch die Einladung einer Inszenierung zum Berliner Theatertreffen, an dem zudem mehrere Preise an Bühnenkünstler verliehen werden, wird als solche verstanden.

Balkon ➤ Zuschauerraum

Ballerina ➤ Primaballerina

Ballett

Viele Ballettkompagnien gliedern den Rang ihrer Mitglieder hierarchisch. Noch vor Ende ihrer Ausbildung aufgenommene Tänzer bezeichnet man als Eleven. Anfänger werden gewöhnlich als Gruppentänzer engagiert; das sogenannte Corps de ballet tritt fast ausschließlich kollektiv auf. An seiner Spitze – und rangmäßig zwischen Corps de ballet und Halbsolisten – stehen die Coryphées (vom altgriechischen *koryphaios* = Chorführer), die in speziellen Ensembleaufgaben eingesetzt werden wie dem Tanz der vier Schwäne in »Schwanensee«. Halbsolisten, auch als Vortänzer bezeichnet, sind Gruppentänzer mit Soloverpflichtung, die für Einzelaufgaben herangezogen werden können, aber keinen Anspruch darauf haben, anders als die Solotänzer mit Gruppenverpflichtung sowie natürlich die Solotänzer und die ranghöchsten Ersten Solotänzer.

Das Ballett der Pariser Oper, dessen strenge Hierarchie als Modell für etliche andere Kompagnien dient, weist die Rangstufen *élèves*, *seconde quadrille*, *première quadrille*, *coryphées*, *petits sujets*, *grands sujets*, *premières danseuses* und *premiers danseurs*, *danseuses* bzw. *danseurs étoiles* (kurz: *étoiles*) und als höchste Stufe *premières danseuses* bzw. *premiers danseurs étoiles* (kurz: *premières étoiles*) auf. Viele Kompagnien, die nicht dem klassischen Ballett, sondern dem modernen Tanztheater verpflichtet sind, kennen indes solche Unterscheidungen ihrer Mitglieder nicht.

Ballettdirektor
Er leitet das Ballett- bzw. Tanzensemble eines Theaters und ist zumeist dessen erster Choreograf, bestimmt die ästhetische Konzeption und damit die Ausrichtung der Kompagnie und gestaltet in Absprache mit der Theaterleitung den entsprechenden Spielplan. Oft darf er unabhängig vom Intendanten, aber natürlich innerhalb der Möglichkeiten des Spartenbudgets, über Engagements und Nichtverlängerungen entscheiden.

Ballettinspizient ➤ Inspizient

Ballettkorrepetitor ➤ Korrepetitor

Ballettmeister
Er ist in der Regel ein erfahrener Tänzer und leitet das tägliche Training der Kompagnie, das der Erhaltung und Förderung der körperlichen Kondition und der tänzerischen Fähigkeiten dient. Er unterstützt den Ballettdirektor bei der Probendisposition und assistiert ihm sowie den als Gast verpflichteten Choreografen bei Neueinstudierungen. Bei Umbesetzungen weist er die neuen Tänzer ein, und als Abendspielleiter überwacht er die künstlerische Qualität der Tanzvorstellungen.

Bauprobe
Mehrere Wochen vor Probenbeginn wird das Bühnenbild, das bislang als Entwurf und als Bühnenbildmodell vorliegt, auf der Bühne markiert, also im originalen Maß mit Dekorationsteilen aus dem Fundus, Stellwänden, Dachlatten, Seilen und Podesten aufgebaut. Bühnenbildner und Regisseur überprüfen die Proportionen, die Wirkung im Raum und die Sichtlinien im Zuschauerraum und verständigen sich über Auftritts- und Abgangsmöglichkeiten. Sie besprechen mit dem Technischen Direktor, dem Ausstattungsleiter, den Leitern der Werkstätten und dem Beleuchtungsmeister die technische Realisierbarkeit sowie alle Erfordernisse, zum Beispiel sicherheitstechnischer Art, und suchen bei sich abzeichnenden Problemen nach Lösungen bzw. Kompromissen. Zudem versucht man zu klären, ob die gewünschten Verwandlungen und Umbauten nicht zu viel Personal erfordern und tatsächlich in der beabsichtigten Art und Weise zu realisieren sind. Oft sind auch der Intendant oder der verantwortliche Spartenleiter sowie

der für die Produktion zuständige Dramaturg auf der Bauprobe anwesend.

Bayerische
Ist von »der Bayerischen« die Rede, ist die Bayerische Versorgungskammer (früher: Bayerische Versicherungskammer) mit Sitz in München gemeint, die als rechtsfähige Anstalt des öffentlichen Rechts die Versorgungsanstalt der deutschen Bühnen verwaltet und vertritt, welche die Leistungen der gesetzlichen Rentenversicherung im Alter, bei Berufsunfähigkeit und bei Tod ergänzt. Bei ihr ist jeder (überwiegend) künstlerisch Tätige pflichtversichert, der in einem abhängigen Beschäftigungsverhältnis zu einem Theater mit Sitz in der Bundesrepublik Deutschland steht. Die Beiträge bezahlen der Versicherte und der Arbeitgeber je hälftig. Der monatliche Beitrag beträgt bis zu einer Beitragsbemessungsgrenze, die 2014 bei 5950 Euro lag, 9 % des beitragspflichtigen Diensteinkommens. Endet das Beschäftigungsverhältnis, kann man sich zu einem Mindestbetrag weiterversichern. Macht man nicht von dieser Möglichkeit Gebrauch, wird die Versicherung beitragsfrei weitergeführt; der Versicherte hat dann allerdings nicht auf sämtliche Leistungen Anspruch, gezahlt werden lediglich das Altersruhegeld sowie die Hinterbliebenenversorgung.

Beifall ➤ Applaus

Beilage ➤ Knochenbeilage

Beleuchter
Sie bedienen und warten die lichttechnischen Anlagen des Theaters, also die Scheinwerfer und die Beleuchtung des Zuschauerraums. Der Stellwerksbeleuchter »fährt« bei den Vorstellungen von der »Lichtregie« aus (die sich gewöhnlich in einem Rang des Zuschauerraums befindet) das Licht, d. h., er ruft, nachdem er vom Inspizienten das entsprechende Zeichen erhalten hat, die programmierte Stimmung ab – allenfalls an Kleinbühnen werden die Scheinwerfer noch von Hand geregelt. Unterstellt sind die Beleuchter dem Beleuchtungsmeister.

Beleuchtungsmeister
Er entwirft – in Absprache mit dem Bühnenbildner, dem Regisseur und dem Technischen Direktor – das Lichtkonzept für eine Inszenierung, leuchtet auf der Beleuchtungsprobe die einzelnen Stimmungen ein, programmiert das Lichtmischpult und fertigt das Beleuchtungsszenarium bzw. den Beleuchtungsplan an. Dort werden alle Lichtstimmungen, also Farbe und Helligkeit der einzelnen Scheinwerfer sowie Größe und Richtung ihrer Lichtkegel, festgehalten. Sind an einem Haus mehrere Beleuchtungsmeister verpflichtet, obliegt einem von ihnen, dem sogenannten Beleuchtungsinspektor, oder einem Lichtgestalter die Leitung der Beleuchtungsabteilung.

Beleuchtungsprobe
Im Anschluss an die Technische Einrichtung des Bühnenbildes wird »eingeleuchtet«: Gemäß den ästhetischen Vorstellungen von Regisseur und Bühnenbildner und dem Lichtkonzept des hauseigenen Beleuchtungsmeisters oder eines Lichtgestalters werden der Chronologie des Stückes folgend die einzelnen Lichtstimmungen festgelegt. Man korrigiert dabei Richtung, Form und Größe der Lichtkegel der größtenteils schon im Vorfeld möglichst passend gehängten Scheinwerfer, verändert mittels Folien die Farbe des Lichts und legt für jede Stimmung die Helligkeit der beteiligten Scheinwerfer sowie die Laufzeiten der Stimmungswechsel fest; Moving Lights werden entsprechend programmiert. Um nicht ein unbelebtes Bühnenbild einzuleuchten, sondern die Licht- und Schattenwirkung auf den Gesichtern und Körpern zu kontrollieren, werden sogenannte Beleuchtungsstatisten aufgeboten, die die Positionen der Sänger oder Schauspieler einnehmen. Der Inspizient notiert bei der Beleuchtungsprobe die Stichworte für jede Stimmung und deren Nummer, damit er bei den Vorstellungen das richtige »Zeichen geben«, also die jeweilige Lichtveränderung ansagen kann.

Beleuchtungszüge
Diese Züge sind über der Bühne angeordnet und stehen nicht für Hänger, Prospekte oder sonstige Dekorationsteile zur Verfügung, da an ihnen Scheinwerfer angebracht sind: meist Fluter und Fresnels, unter Umständen auch Niedervoltlampen zur Erzeugung eines Lichtvorhangs.

Bergfest
Wurde, vor allem im En-suite-Betrieb, die Hälfte einer Vorstellungsserie erreicht, feiern die Beteiligten Bergfest.

Berliner Theatertreffen ➤ Theatertreffen

Beschäftigungsanspruch
»Jetzt hab ich den schon engagiert, da werd' ich nicht auch noch den Fehler machen, ihn zu besetzen«, lautet ein bekanntes Intendanten-Bonmot. Ein festengagiertes Bühnenmitglied hat jedoch das Recht auf angemessene Beschäftigung, konkret den Anspruch, in zwei Rollen seines Kunstfachs in Premieren aufzutreten, in der Schweiz ebenfalls das Recht auf mindestens zwei repräsentative Rollen bzw. Partien des vertraglichen Kunstfaches mit Premierenvorstellung, in Österreich bei einjähriger Beschäftigung zwei Fachrollen, davon eine in einer Premiere, bei einem länger dauernden Dienstverhältnis zumindest eine Fachrolle in einer Premiere während zwei Spielzeiten. Da im Schauspiel das Kunstfach heute nur noch selten vertraglich fixiert wird, vereinbart man meist allgemeinere Rollenbeschreibungen und definiert den Anspruch auf »mittlere Rollen« oder »kleinere Rollen«; ein Recht auf bestimmte Rollen besteht nicht. Wird ein festengagiertes Bühnenmitglied demnächst durch Nichtverlängerung ausscheiden, steht ihm eine »Ansehrolle« zu.

Besetzung
»Die Rolle der Julia spielte die Müller, den Romeo Meyer. Auch der Zuschauerraum war schwach besetzt.« Besetzung (im Englischen *casting*, im Französischen *la distribution*) nennt man die Verteilung der Rollen eines Stückes auf geeignete Darsteller. Der Intendant oder Regisseur besetzt also die Rolle der Julia mit der Schauspielerin Müller und den Romeo mit dem Schauspieler Meyer, Meyer und Müller sind als Romeo und Julia besetzt. Auch die Gesamtheit der in einer Produktion beschäftigten Darsteller nennt man Besetzung, im Französischen ebenfalls *la distribution* und auf Englisch sowie beim international geprägten Musical *cast*. Aufgeführt ist die Besetzung auf dem Besetzungszettel bzw. im Programmheft. Muss ein Darsteller in einer Rolle ersetzt werden, spricht man von einer Umbesetzung, wurde ein für eine Rolle ungeeigneter Darsteller ausgewählt, von einer Fehlbesetzung (englisch: *miscasting*, französisch: *mauvaise distribution*), entspricht der Darstel-

ler in Aussehen, Alter oder Geschlecht nicht dem tradierten Rollenbild, von einer Gegenbesetzung. Der englische Begriff Casting wird bei uns meist für den Prozess der Auswahl von Film- und Fernsehdarstellern verwendet, doch viele durch die unzähligen »Castingshows« im Fernsehen geprägte Anfänger sprechen heute auch beim Theater statt von Vorsprechen, Vorsingen oder Vortanzen von Casting.

Bespieltheater
Eine Spielstätte ohne eigenes Ensemble, die folglich ausschließlich Gastspiele anderer Bühnen, meist Produktionen der Landesbühnen sowie privater Tourneetheater, zeigt, bezeichnet man als Bespiel- oder Gastspieltheater. Rund 400 Städte mit Bespieltheatern im deutschsprachigen Raum haben sich in der 1980 gegründeten Interessengemeinschaft der Städte mit Theatergastspielen e.V., der INTHEGA, mit Sitz in Filderstadt zusammengeschlossen. Diese verleiht seit 1985 jährlich auf ihrer Herbsttagung die INTHEGA-Preise für künstlerisch herausragende Produktionen, die seit 2011 den Namen »Neuberin« tragen – die Schauspielerin Friederike Caroline Neuber gab zwischen 1734 und 1755 zahlreiche Gastspiele und wurde als »Urheberin des guten Geschmacks auf der deutschen Bühne« gepriesen.

Betonierer
nennt man scherzhaft einen Regisseur, der den Darstellern sämtliche Betonungen vorgibt und unermüdlich Sprachmelodie, Rhythmus und Pausen korrigiert, bis sie seinen Vorstellungen exakt entsprechen. Gotthold Ephraim Lessing wusste jedoch schon 1767, dass beim Publikum zwar keinesfalls der Eindruck entstehen dürfe, »der Akteur plaudere, was er nicht verstehe. Er muss uns durch den richtigsten, sichersten Ton überzeugen, dass er den ganzen Sinn seiner Worte durchdrungen habe. Aber die richtige Akzentuation ist zur Not auch einem Papagei beizubringen. Wie weit ist der Akteur, der eine Stelle nur versteht, noch von dem entfernt, der sie auch zugleich empfindet!«

Betriebsbüro ➤ Künstlerisches Betriebsbüro

Billettkasse ➤ Theaterkasse

Billeteur ➤ Schließer

Blackfacing
Im deutschsprachigen Raum ist es seit Jahrhunderten üblich, dass sich weiße Darsteller für Rollen wie Shakespeares Othello schwarz schminken. Seit einigen Jahren wird der Einsatz dieses Theatermittels jedoch zunehmend als diskriminierend und rassistisch abgelehnt und führt immer wieder zu heftigen Diskussionen und organisierten Flugblatt- und Störaktionen. Der Begriff Blackfacing bezeichnete ursprünglich die in den im 19. Jahrhundert populären nordamerikanischen Minstrel Shows übliche Praxis, dass weiße Schauspieler ihr Gesicht anmalen, um Schwarze stereotypisiert als fröhlich, naiv bis schwachsinnig und oft betrunken darzustellen und sich so über sie lustig zu machen.

Besetzt man eine Rolle ungeachtet der ethnischen Herkunft des Darstellers, spricht man von *colorblind casting* oder *non-traditional casting*.

Blackout
Das abrupte vollständige Verlöschen eines Scheinwerfers oder der gesamten Beleuchtung im Gegensatz zum langsamen Ausblenden, dem Fade to black.

BO ➤ Bühnenorchesterprobe

Bodentuch
Es ist aus strapazierfähigem, eingefärbtem oder bemaltem Stoff, zum Beispiel Leinen oder schwerem Nessel, und dient als Teil des Bühnenbildes dazu, die Bretter, die die Welt bedeuten, also den meist schwarz gestrichenen Bühnenboden, zu bedecken.

Bombenrolle ➤ Wurzen

Bonvivant
Bonvivant (von französisch *bon vivant* = gut lebend) heißt im Theater das Kunstfach des eleganten Lebemanns, in das beispielsweise der Eisenstein in Johann Strauß' FLEDERMAUS gehört. Das weibliche Pendant nennt man Salondame. Einen Anfänger, der sich vom Typ her nicht für den jugendlichen Helden eignete, engagierte man früher gerne als »jugendlichen Liebhaber und Bonvivant«, der gesetztere Bonvivant entwickelte sich zum Père noble und gab als solcher würdige ältere Herren.

Bravo
ist nicht nur der Name eine Jugendzeitschrift, so wird auch begeistert beim Applaus gerufen. In manchen Opernhäusern findet man indes selbst heute noch ein Publikum, das grammatikalisch korrekten Beifall zu spenden weiß: Es ruft »Bravo!« für den Sänger, »Brava!« für die Sängerin, »Bravi!« für das Ensemble – oder falls dieses rein weiblich sein sollte: »Brave!«

Buffo
Das italienische *buffo* heißt auf Deutsch komisch, und so ist der Buffo, sei er Tenorbuffo oder Bassbuffo, derjenige im Musiktheater, dem der komische Part obliegt. Die Rolle des Vogelfängers Papageno in Mozarts ZAUBERFLÖTE ist ebenso eine Buffopartie wie in der Operette IM WEISSEN RÖSSL die des Fabrikantensohns Sigismund Sülzheimer, der bekanntlich nichts dafür kann, »dass er so schön ist«.

Bühne
Grundsätzlich weisen Theater verschiedene Raumkonzepte auf. Vorherrschend ist die durch ein Portal vom Zuschauerraum abgetrennte Guckkastenbühne, doch Thaddäus Troll irrte, wenn er vor einem halben Jahrhundert konstatierte, dass sämtliche Bestrebungen, die Bühne in den Zuschauerraum einzubeziehen, »an der Zumutung für den Zuschauer« gescheitert seien, »hinter dem alten Moor das bekannte Gesicht des städtischen Finanzbeamten zu erblicken, der zwar Assoziationen zu den ›Räubern‹ erweckt, diesen aber doch viel von ihrer Wirkung nimmt«. So gibt es verschiedene Formen von Raumbühnen, bei denen die Spielfläche in den Zuschauerraum integriert ist, wie zum Beispiel Arenabühnen und Stegbühnen.

Früher unterschied man Kleinbühnen mit einer Bühnenfläche von bis zu 100 m^2, deren Bühnendecke nicht mehr als einen Meter über der Unterkante der Bühnenöffnung liegt, Mittelbühnen mit einer bis zu 150 m^2 großen Hauptbühne, bis zu 100 m^2 großen Bühnennebenflächen und einem Bühnenraum, der höchstens doppelt so hoch wie die Bühnenöffnung ist, und sogenannte Vollbühnen, die diese Maße überschreiten – die Hauptbühne des Badischen Staatstheaters Karlsruhe etwa misst 488 m^2. Heute definiert die Versammlungsstättenverordnung lediglich die Großbühne, die hinter der Bühnenöffnung eine Szenenfläche von über 200 m^2 aufweisen oder deren Bühnenraumhöhe jene der Bühnenöffnung um mehr als 2,5 Meter übersteigen muss. Unter Szenenfläche wird hierbei natürlich nicht die reine Spielfläche verstanden; auch sämtliche Umgangs- und Abstellflächen gehören dazu. Als größte Theaterbühne Europas gilt mit 2854 m² bespielbarer Gesamtfläche der Berliner Friedrichstadt-Palast.

Zur Bühne im allgemeinen Sprachgebrauch zählen grundsätzlich auch die vor dem Portal gelegene Vorbühne, die Hinter- und Seitenbühnen sowie die jeweiligen Oberbühnen, also zum Beispiel der Schnürboden, und Unterbühnen.

Zudem dient der Begriff Bühne als Synonym für Theater allgemein. Man spricht nicht von Theater-, sondern von Bühnenangehörigen, und jemand, der Schauspieler werden möchte, will »zur Bühne« oder »ans Theater« (während Zuschauer stets »ins Theater« gehen). Auch tragen nicht wenige Stadttheater die offizielle Bezeichnung »Städtische Bühnen«, und in der Tat besitzen die meisten von ihnen mehrere Bühnen, zumindest eine Hauptspielstätte, vielerorts als »Große Bühne« (oder »Großes Haus«) bezeichnet, und eine kleinere Spielstätte, oft »Kleine Bühne« oder »Studiobühne« genannt.

»Die Bühne« ist der Name der größten österreichischen Theaterzeitschrift; sie wird vom Wiener Bühnenverein herausgegeben. Der Deutsche Bühnenverein wiederum publiziert monatlich »Die Deutsche Bühne«.

Bühnenbild

Als Bühnenbild bezeichnet man die optische Gestaltung des Bühnenraumes für eine bestimmte Inszenierung, also die Gesamtheit der Dekorationen, Kulissen und sonstigen Bauteile inklusive dem Einsatz moderner Bildmedien wie Dia- oder Videoprojektionen.

Bühnenbildmodell

Ähnlich einem architektonischen Modell bildet es das spätere Bühnenbild dreidimensional und maßstabsgerecht ab, meist im Verhältnis 1:20, seltener 1:25 oder 1:33. Angefertigt wird es vom Bühnenbildner aus unterschiedlichsten Materialien wie Holz, Draht, Papier und besonders häufig Foamboards, also Leichtschaumplatten, die aus 3, 5 oder 10 mm dickem festem Karton mit einer Schaumfüllung bestehen. Das Bühnenbildmodell hilft, nicht zuletzt dank beweglicher Elemente wie zum Beispiel Miniaturdrehbühnen, allen an der Produktion Beteiligten bei der räumlichen Vorstellung des Bühnenraums und dient zudem als Arbeitsvorlage für die Werkstätten.

Bühnenbildner

Auch Ausstatter oder Szenograf, im Englischen *scenic designer*, französisch *décorateur* genannt, entwirft er nach der Lektüre und Analyse des Textes und konzeptuellen Gesprächen mit dem Regisseur das Bühnenbild bzw. den Bühnenraum für eine Inszenierung. Zunächst fertigt er Entwürfe, dann ein maßstabsgetreues Modell an. Auf einer Bauprobe werden mehrere Wochen vor Probenbeginn mittels markierter Bühnendekorationen Raumwirkung, Sichtlinien und Bühnenverhältnisse überprüft. Detaillierte technische Zeichnungen, die der Bühnenbildner erstellt, liefern den Werkstätten die nötigen Angaben zur Fertigung aller Dekorationsteile. Bühnenbildner sind in der Regel freiberuflich tätig, werden mit Werkverträgen verpflichtet und in ihrer Arbeit durch die am jeweiligen Theater fest angestellten Bühnenbildassistenten bzw. Ausstattungsleiter unterstützt, so dass sie in der Zeit zwischen den Konzeptions- und Endproben nicht dauerhaft vor Ort sein müssen. Dies ermöglicht gut beschäftigten Bühnenbildnern, für mehrere Inszenierungen parallel zu arbeiten.

Bühnenbohrer

Bühnen-, Theater- oder Stichbohrer (englisch: *stage screw*, französisch: *queue de cochon*, was wörtlich Sauschwanz heißt) dienen zum Befestigen von Dekorationsteilen oder Scheinwerferstativen auf dem hölzernen Bühnenboden – dessen Bretter folglich von Zeit zu Zeit ersetzt werden müssen. Der einfache, 13 oder 14 cm lange Stichbohrer besteht aus einem etwa 5 mm dicken Stift, der unten mit einem Spezialgewinde versehen ist und am oberen Ende einen gebogenen bzw. verlöteten Ringgriff – meist in Form eines auf der Spitze stehenden abgerundeten Dreiecks – besitzt. Der nach dem Einschrauben aus dem Boden ragende Teil des Bohrers kann umgebogen werden, um Stolpern oder Verletzungen zu verhindern. Heutzutage finden indes an Stelle von Bühnenbohrern fast überall Spanplattenschrauben mit Kreuzschlitz (mit dem geschützten Markennamen SPAX bezeichnet) Verwendung, die freilich nicht von Hand, sondern mit Akkubohrern eingeschraubt werden.

Bühneneingang

Der Bühneneingang, in Österreich auch liebevoll »Bühnentürl«, französisch *entrée des artistes* und im englischen Sprachraum *stage door* genannt, liegt gewöhnlich an der Seite oder Rückseite des Theatergebäudes und dient als nichtöffentlicher Eingang für die dort Beschäftigten. Meist bedient der Bühnenpförtner, der den Zutritt zum Haus kontrolliert, auch die Telefonzentrale des Theaters. Unweit befindet sich das Schwarze Brett zum Aushang von Besetzungen, Probenplänen und offiziellen Bekanntmachungen der Intendanz.

Bühnengenossenschaft ➤ Genossenschaft Deutscher Bühnen-Angehöriger

Bühnenhandwerker ➤ Bühnenmeister

Bühnenmanuskript
Sind Theaterstücke nicht als für jedermann im Handel erhältliches Buch publiziert, werden sie den Theatern als »unverkäufliches Bühnenmanuskript« (englisch: *playbook*) zur Verfügung gestellt – welches aber häufig bei Abschluss eines Aufführungsvertrags vom Theater käuflich erworben werden muss, und zwar als sogenannter Rollensatz: ein Exemplar für jede im Stück vorkommende Rolle sowie unter Umständen Zusatzexemplare für Regisseur, Souffleur, Inspizient etc. Bühnenmanuskripte bestanden früher oftmals aus hektographierten, durch Leimbindung oder Klammerung zusammengehaltenen Schreibmaschinenseiten in handlichem Querformat. Heute verschicken viele Theaterverlage das Aufführungsmaterial auf elektronischem Wege als PDF-Datei zum Ausdrucken. Urheberrechtlich gilt der Text eines Bühnenmanuskripts als unveröffentlicht.

Bühnenmeister
Ihm unterstehen die verschiedenen Bühnenhandwerker (früher Bühnenarbeiter genannt), die alle Arbeiten verrichten, welche vor, während und nach einer Probe bzw. Vorstellung beim Auf-, Um- und Abbau anfallen. Unterstützt wird der Bühnenmeister von den Seitenmeistern, die für Bewegungen von Bühnenbildelementen zwischen der Haupt- und den Seitenbühnen verantwortlich sind. Gewöhnlich betätigt der Bühnen- oder Theatermeister auch den Haupt- und Zwischenvorhang.

Bühnenorchesterprobe
nennt man eine szenische Bühnenprobe im Musiktheater, an der das Orchester beteiligt ist. Geleitet wird die BO vom Dirigenten, doch auch der Regisseur kann sie – im Gegensatz zur Orchestersitzprobe – für die szenische Arbeit nutzen.

Bühnenpraktikabel ➤ Podest

Bühnenschiedsgericht
Kommt es am Theater zu Streitigkeiten zwischen Arbeitnehmern und Arbeitgebern, beispielsweise wegen der Nichterfüllung des Beschäftigungsanspruchs, bei Nichtverlängerungen oder Kündigungen, ist nicht die normale Gerichtsbarkeit zuständig. Laut Vereinbarung des Deutschen Bühnenvereins und der Genossenschaft Deutscher Bühnen-Angehöriger entscheiden über bürgerliche Rechtsstreitigkeiten im Sinne von § 2 des Arbeitsschiedsgesetzes zwischen Theaterveranstaltern (also Arbeitgebern) und Bühnenmitgliedern (also Arbeitnehmern) statt der Arbeitsgerichte die Bezirks-Bühnenschiedsgerichte in Berlin (für Berlin und Brandenburg), Chemnitz (für Sachsen, Sachsen-Anhalt und Thüringen), Frankfurt am Main (für Baden-Württemberg, Hessen, Rheinland-Pfalz und das Saarland), Hamburg (für Bremen, Hamburg, Mecklenburg-Vorpommern, Niedersachsen und Schleswig-Holstein), Köln (für Nordrhein-Westfalen) und München (für Bayern) bzw. in zweiter Instanz das Bühnen-Oberschiedsgericht in Frankfurt am Main. Diese setzen sich paritätisch zusammen aus Vertretern der Theaterveranstalter und der angestellten Bühnenangehörigen sowie einem Obmann, der die Befähigung zum Richteramt haben muss. Gegen einen rechtskräftigen Schiedsspruch ist die Klage auf Aufhebung ausschließlich beim Arbeitsgericht Köln zulässig.

In der Schweiz gibt es lokale Bühnenschiedskommissionen sowie das übergeordnete Bühnenschiedsgericht mit Sitz in Bern, die ebenfalls paritätisch besetzt sind. Auch in Österreich unterwerfen sich die Kollektivvertragspartner und ihre Mitglieder bei Streitigkeiten der Schiedsgerichtsbarkeit; die Verhandlungen finden in der Regel in Wien statt.

Bühnentechnik
Sie umfasst sämtliche technischen Geräte und Vorrichtungen, mit denen die Bühne ausgestattet ist, insbesondere die Obermaschinerie mit den am Schnürboden oder Rollenboden angebrachten Zügen, Flugwerken, Vorhängen und dem verstellbaren Portal sowie die Untermaschinerie mit Bühnenwagen, Drehbühne, Drehscheibe, Versenkungen und nicht zuletzt hydraulisch angetriebenen Hubpodien, also heb- und senkbaren Bodenelementen, die es ermöglichen, Dekorationsteile, aber auch komplette Bühnenbilder auftauchen und verschwinden zu lassen – im

Berliner Friedrichstadtpalast sogar ein 225 Tonnen schweres Wasserbecken.

Bühnentechniker

Bühnentechniker im Sinne von § 1, Absatz 3 des Normalvertrags Bühne sind »Technische Direktoren und technische Leiter, Vorstände der Malsäle, Leiter des Beleuchtungswesens, Leiter der Bühnenplastikerwerkstätten, Leiter des Kostümwesens, Leiter der Ausstattungswerkstätten, Chefmaskenbildner, Referenten und Assistenten der Technischen Direktoren und technischen Leiter, Tonmeister. Oberinspektoren und Inspektoren, Theater- und Kostümmaler, Beleuchtungsmeister und Beleuchter, Bühnenplastiker (Kascheure), Maskenbildner, Requisitenmeister und Requisiteure, Gewandmeister, Bühnenmeister, Veranstaltungstechniker, Tontechniker und Personen in ähnlicher Stellung sind Bühnentechniker im Sinne dieses Tarifvertrags, wenn mit ihnen im Arbeitsvertrag vereinbart wird, dass sie überwiegend künstlerisch tätig sind.« Für die nichtkünstlerisch tätigen Bühnentechniker bzw. -handwerker gelten die Tarifverträge des öffentlichen Dienstes.

Bühnenwagen

Um ein Bühnenbild oder Teile davon schnell zu verschieben, verwendet man flache, von Aluminiumzargen oder Stahlrahmen eingefasste Holzplatten auf Rädern, die entweder auf den Bühnenboden aufgesetzt werden oder fest eingebaut in im Boden eingelassenen Führungsschienen laufen. Kleinere Wagen sind manuell verfahrbar, größere, die mitunter die gesamte Fläche der Hauptbühne einnehmen, werden mit einem Motor angetrieben und können sogar mit computergesteuerter Lasernavigation ausgestattet sein. Wagen für Fahrten zwischen Haupt- und Hinterbühne nennt man Längsfahrer, solche für Fahrten zwischen Haupt- und Seitenbühne Querfahrer.

Call back ➤ Vorsprechen

Cast ➤ Besetzung

Cercle ➤ Zuschauerraum

Charge
ist eigentlich der französische Begriff für Rollenfach (*charge* bedeutet Amt, Rang, Funktion), bezeichnet heute aber zumeist eine Nebenrolle, die keine differenzierte Gestaltung, sondern eine leicht erkennbare Typisierung verlangt. Ist ein Darsteller auf solche Rollen spezialisiert, spricht man von einem Chargenspieler.

Chargieren
Die Rolle des fünften Zwerges in SCHNEEWITTCHEN werde man hintergründig anlegen, lautet ein altes Schauspielerwort. Vor allem Darsteller kleiner Rollen versuchen, ihrem Part ein konturiertes Profil zu verleihen, indem sie bestimmte Charaktereigenschaften überbetonen und Mimik oder Sprechweise überzeichnen. Als Chargieren bezeichnet man aber auch eine übertriebene, karikierende, effekthascherische Spielweise im Allgemeinen. »Knallcharge« ist eine besonders abwertende Bezeichnung für einen in drastisch-derber Komik agierenden Schauspieler ebenso wie für die entsprechende Rolle. Den übertrieben intensiven Einsatz vor allem nonverbaler, also mimischer und gestischer Mittel nennt man *Overacting*.

Chefdisponent ➤ Disponent

Chor
Er besteht aus mindestens 20, an großen Opernhäusern aus 70 bis 100 festangestellten Berufssängerinnen und -sängern und wird bei Bedarf noch durch den sogenannten Extrachor aus musikbegeisterten Laien ergänzt, dessen Mitglieder nicht zum Ensemble gehören und gewöhnlich einen anderen Beruf ausüben. Aufgeteilt ist er in acht Stimmgruppen: jeweils zwei Sopran-, Alt-, Tenor- und Bassstimmen. Die Arbeitsbedingungen der Chorsänger sind an öffentlichen Bühnen in Deutschland durch den Normalvertrag Bühne geregelt, so beträgt beispielsweise die maximale Dauer einer musikalischen Probe zwei Stunden, einer szenischen Probe drei Stunden. Eine Bühnenorchesterprobe darf vier Stunden dauern, Haupt- und Generalproben sind zeitlich unbegrenzt. Unterstellt ist der Opernchor eines Theaters dem sogenannten Chordirektor, einem auf die Chorleitung spezialisierten Dirigenten. Laut § 1 des Normalvertrags Bühne gelten als Opernchormitglieder »auch Chormitglieder, die Operetten und Musicals singen«. Natürlich kennt man seit der griechischen Antike den (Sprech-)Chor

auch im Schauspiel. Die bedeutendsten Chorinszenierungen der letzten Jahrzehnte schuf Einar Schleef; Aufsehen erregen aber auch die Regiearbeiten von Volker Lösch durch den Einsatz von »Bürger-Chören«: Laien, die ihre Lebenserfahrungen und politischen Ansichten artikulieren.

Choreograf
Nicht selten selbst ein erfahrener und erfolgreicher Tänzer, ist er – analog dem Regisseur im Schauspiel – für die künstlerische Konzeption einer Tanzaufführung zuständig. Er erfindet und erarbeitet die tänzerischen Abläufe, also die Tanzschritte und Tänze eines Balletts (oder auch einer Tanzeinlage in Aufführungen anderer Sparten): die sogenannte Choreografie, was zu Deutsch eigentlich »Tanzschrift« heißt. Um diese auf Papier festzuhalten, verwendet man verschiedene Notationssysteme, insbesondere die Choreologie (auch »Benesh Movement Notation« genannt), die von einem fünfzeiligen Notensystem ausgeht, wobei jede Linie für einen Körperteil steht, nämlich Fuß, Knie, Hüfte, Schulter und Kopf, sowie die Kinetografie, die von Rudolf von Laban entwickelt wurde und orthografisch inkorrekt als »Labanotation« bezeichnet wird. Nur wenige deutsche Ballettkompagnien haben indes eigene Choreologen verpflichtet, denn viele Choreografen bevorzugen die filmische Aufzeichnung ihrer Choreografien.

Choreologe ➤ Choreograf

Claque
Es gibt sie wohl nur noch in manchen Opernhäusern mit internationalem Ruf: Menschen, die gegen Bezahlung applaudieren oder gelegentlich auch die Konkurrenten der Auftraggeber ausbuhen. 1820 begannen an der Pariser Oper zwei Stammgäste namens Sauton und Porcher, den Applaus zu organisieren, und gründeten eine »Assurance des succès dramatiques«, also eine Versicherung für Bühnenerfolge. Feste Gebührensätze regelten, welche Summe für die Dienste der Claqueure (vom französischen *claquer* = klatschen) zu entrichten waren. Unter diesen gab es Spezialisten wie die *rieurs*, deren Aufgabe es war, möglichst ansteckend zu lachen, die *pleureurs*, deren besondere Begabung in lautem Schluchzen bestand, die *connaisseurs*, die während der Vorstellung kenntnisreiche Kommentare von sich gaben, oder die *bisseurs*, die lautstark ein Da capo forderten. Die *chauffeurs*, also An-

heizer, lobten bereits tagsüber vor den Theaterplakaten werbewirksam das annoncierte Stück.

Corps de ballet ➤ Ballett

Coryphée ➤ Ballett

Cover ➤ Zweitbesetzung

Da capo

Ruft das Publikum »Da capo!«, fordert es die Wiederholung einer Arie oder eines Duetts, wohl kaum einer Schauspielszene, von Beginn an (das italienische *da capo* bedeutet wörtlich »vom Kopf an«). Die Dacapo-Arie in Barockopern, deren zweiter Teil oft eine mit kunstvollen Verzierungen bereicherte Wiederholung des ersten darstellt, bietet Interpreten die Gelegenheit, ihr Virtuosentum zu demonstrieren.

Darüber- und daruntersetzen

Sagt ein Schauspieler einen Satz lauter und intensiver als den vorhergehenden eigenen oder die letzte Replik seines Partners, setzt er ihn darüber. Analog bedeutet daruntersetzen, dass ein Satz leiser oder zurückgenommener gesprochen wird. Umgangssprachlich verkürzt ist von »drübersetzen« und »druntersetzen« die Rede.

Debüt

Als Debüt (vom französischen *début* = Anfang) bezeichnet man das erste öffentliche Auftreten eines Bühnenkünstlers überhaupt, in einer Stadt oder an einem Theater – in beiden Fällen nennt man die Rolle, in der er debütiert, Debüt- oder Antrittsrolle. Rollendebüt wiederum heißt das erste Auftreten in einer bestimmten Rolle bzw. Partie. In New York und London gilt es auch als erwähnenswert, wenn ein Bühnenkünstler, der möglicherweise schon mehrmals in der Stadt aufgetreten ist, sein Broadway-Debüt gibt bzw. im West End debütiert. Der letzte Auftritt an einer Bühne ist die Abschiedsvorstellung.

Decker

Auch Schallvorhang, englisch *blackout drop* oder *sound curtain* und französisch *rideau antibruit* genannt, dient er hinter dem Hauptvorhang dazu, Geräusche auf der Bühne etwa bei Umbauten gegenüber dem Zuschauerraum abzuschirmen. Der meist schwarze und faltenlose Decker wird gelegentlich auch als Spielvorhang genutzt, wenn er ästhetisch passender erscheint als ein vorhandener Hauptvorhang aus rotem Samt.

Dekorateur
Der Dekorateur oder Prospektnäher fertigt sämtliche größeren Dekorationsteile aus Stoff an, also Vorhänge, Segel, Prospekte und Bodentücher. Mitunter wird er für Polsterarbeiten herangezogen, die jedoch eigentlich Aufgabe der Tapezierer sind.

Dernière
Das französische *la dernière* heißt übersetzt nichts anderes als »die letzte«, und so nennt man denn auch die letzte Vorstellung einer Inszenierung überhaupt oder an einem bestimmten Spielort. Gleichermaßen beliebt wie gefürchtet sind die Dernièrengags: Scherze oder Streiche, die im Idealfall nur von den Mitwirkenden, nicht aber vom Publikum bemerkt werden. Nachdem der Tontechniker 37 Vorstellungen lang während des zweiten Aktes leises Vogelgezwitscher eingespielt hatte, ertönt nun auf einmal Grillenzirpen aus den Lautsprechern, der Brief, den ein Darsteller öffnen und vorlesen muss, enthält ein Bild aus dem »Playboy«, und ein Sänger tritt mit einem Bart auf, der fatal an den des ungeliebten Regisseurs erinnert.

Deutsche Orchestervereinigung ➤ Orchester

Deutscher Bühnenverein
Der Deutsche Bühnenverein mit Sitz in Köln ist der Interessen- und Arbeitgeberverband der Theater und schließt mit den entsprechenden Gewerkschaften die Tarifverträge ab. Die Bühnenschiedsgerichte sind paritätische Einrichtungen des Deutschen Bühnenvereins und der Genossenschaft Deutscher Bühnen-Angehöriger.

Siehe auch: www.buehnenverein.de

Deutsches Bühnen-Jahrbuch
Herausgegeben von der Genossenschaft Deutscher Bühnen-Angehöriger erscheint es – sowohl gedruckt, mit einem Umfang von mehr als 1000 Seiten, als auch online – alljährlich im Dezember und enthält die Personal- und Adressverzeichnisse der Bühnen in Deutschland,

Österreich und der Schweiz sowie einiger weiterer deutschsprachiger Bühnen im Ausland, gültig für die dann bereits seit Sommer laufende Spielzeit; das Ende 2014 erscheinende Bühnen-Jahrbuch 2015 bezieht sich also auf die Spielzeit 2014/15. Zudem liefert es weitere Informationen beispielsweise über Rundfunkanstalten, Orchester, Ausbildungsstätten, Theaterverlage, Archive und Verbände, die Ur- und Erstaufführungen der vergangenen Spielzeit, Todesfälle und Jubiläen sowie ein alphabetisches Namensregister. Das Bühnenjahrbuch wird am Theater gelegentlich auch als »Bühnenalmanach« bezeichnet (von 1889 bis 1915 trug das Periodikum den Namen »Neuer Theater-Almanach«). Der seit 1993 in der edition Smidt erscheinende »Theateralmanach« bietet ebenfalls einen Überblick über die deutschsprachige Theaterlandschaft, verzeichnet aber, anders als das Bühnen-Jahrbuch, die angekündigten Inszenierungen und weist auf bevorstehende Leitungswechsel und Änderungen in den Etats hin.

Diäten ➤ Abstecher

Diensteinteiler ➤ Orchester

Dienstkarte ➤ Steuerkarte

Direktor ➤ Intendant

Dirigent

Der Dirigent (englisch: *conductor*, französisch: *chef d'orchestre*) bestimmt die Interpretation eines musikalischen Werkes durch das Orchester, den Chor und die Solisten, erarbeitet die Aufführung und leitet den musikalischen Ablauf der Vorstellungen. Früher unterschied man zwischen dem Dirigenten von Konzerten und dem im Musiktheater tätigen Kapellmeister, heute werden die Begriffe oftmals synonym gebraucht, wobei man aber jene Dirigenten, die nach Normalvertrag Bühne fest an einem Theater verpflichtet sind, Kapellmeister nennt. Diese dirigieren dort regelmäßig Repertoirevorstellungen, meistens sind ihnen zudem eigene Premieren zugesichert. Eine feste Stellenbezeichnung ist an größeren Theatern die des 1. Kapellmeisters (englisch: *first assistant conductor*), er steht nach dem Generalmusikdirektor an zweiter Stelle der Hierarchie und fungiert als dessen Stellvertreter. Unter ihm stehen der 2. Kapellmeister und weitere Dirigenten, die gegebenenfalls auf eine bestimmte Sparte spezialisiert sind, wie etwa ein Ballettdirigent. Widmet sich ein Dirigent ausschließlich der Leitung des Chores, trägt er nicht selten den Titel eines Chordirektors.

Disponent
Der (Chef-)Disponent ist für die detaillierte Planung der Spielzeit gemäß dem von der Theaterleitung entwickelten Spielplan zuständig, wobei er die Ansprüche der verschiedenen Abonnementreihen berücksichtigt. Er stimmt die personellen Gegebenheiten, die Werkstattkapazitäten und das Raumangebot ab und verantwortet die Wochen- und Monatsarbeitspläne, kümmert sich um notwendige Umbesetzungen, die Terminierung von Abstechern, Gastspielen und Sonderveranstaltungen im eigenen Haus. Gelegentlich amtiert er als Stellvertreter des Intendanten und führt die Bezeichnung Künstlerischer Betriebsdirektor. An größeren Bühnen ist ihm der Leiter des Künstlerischen Betriebsbüros unterstellt.

Donnerblech ➤ Windmaschine

Doppelrolle
Spielt jemand in einem Stück zwei verschiedene Figuren, spricht man von einer Doppelrolle. Eine solche Besetzung kann geradezu zwingend sein, wenn in einer Komödie eine Figur einen charakterlich ganz anders gearteten Zwillingsbruder hat und beide nie gleichzeitig auftreten, ist mitunter aber auch Teil der künstlerischen Konzeption. So verkörpern in Shakespeares SOMMERNACHTSTRAUM nicht selten die Darsteller von Theseus und Hippolyta auch Oberon und Titania. Selbstverständlich werden Doppelrollen nicht nur aus dramaturgischer Notwendigkeit vergeben, oftmals wird auch aus Personalmangel bzw. Kostengründen derselbe Schauspieler oder Sänger mit zwei oder sogar mehreren Rollen besetzt. Von einer Doppelbesetzung hingegen spricht man, wenn zwei Darsteller in derselben Rolle oder Partie alternieren.

Doublieren
Sollen ein Dekorationsstück aus Stoff oder ein Hänger vollständig aus der Sicht der Zuschauer entfernt werden, und die Höhe des Schnürbodens reicht dafür nicht aus, befestigt man auch das untere Ende des Stoffes an einem Zug. Durch diese doppelte Aufhängung wird er beim Hochziehen mittig gefaltet, seine Höhe also halbiert.

Auch bei Zügen kennt man diesen Begriff. Der doublierte Handkonterzug funktioniert nach dem umgekehrten Flaschenzugprinzip: Der Seilweg ist verringert, dafür muss mehr Zugkraft aufgewendet werden. Um den Zug auszukontern, braucht die Last in der Zugstange also das doppelte Gegengewicht.

DOV ➤ Orchester

Doyen

Als Doyen bzw. Doyenne bezeichnet man meist die dienstältesten Ensemblemitglieder eines Theaters. Am Wiener Burgtheater ist dieser Titel eine institutionalisierte Ehrenbezeichnung: Der Doyen und die Doyenne, die nicht in den Ruhestand versetzt werden dürfen, haben die Aufgaben, zwischen Ensemble und Direktion zu vermitteln und das Haus nach außen zu repräsentieren – und das Recht auf eine angemessen feierliche Beisetzung. Der jetzige Doyen des Burgtheaters, Michael Heltau, war bei seiner Ernennung 1993 mit sechzig Jahren der jüngste Doyen in der Geschichte des Burgtheaters; Doyenne ist seit 2001 die Schauspielerin Annemarie Düringer.

Dramaturg

Der Beruf des Dramaturgen sei so wichtig, dass es ihn außerhalb Deutschlands gar nicht gebe, wurde früher gerne gescherzt, dass dieser belesene Theatermitarbeiter alles vom Theater wisse, aber nichts vom Theater verstehe und helfe, Probleme zu lösen, die man ohne ihn nicht hätte. Dabei erfüllt dieser meist akademisch ausgebildete Mitarbeiter der Dramaturgie, wie die entsprechende Abteilung des Theaters genannt wird, vielfältige Aufgaben: Er sichtet, analysiert und beurteilt neue Werke, überprüft ältere Stücke auf ihre Relevanz und ist so maßgeblich an der Erstellung des Spielplans sowie der Besetzung der Stücke beteiligt. Gemeinsam mit dem Regisseur entwickelt er die Konzeption der Inszenierung, überarbeitet die Textvorlage, diskutiert Striche und richtet eine Textfassung ein. Zur Konzeptionsprobe stellt er eine Mappe mit Hintergrundinformationen zu Werk und Inszenierung zusammen; während des Probenprozesses bleibt er ständiger Ansprechpartner für alle dramaturgischen, literarischen oder historischen Fragen. Regelmäßig besucht er die Proben und ist so der erste – kritische – Zuschauer. Er steht zudem im Dialog mit der Öffentlichkeit, vermittelt die konzeptuellen und ästhetischen Überlegungen des Regieteams nach außen, konzipiert Einführungsveranstaltungen und leitet Publikumsgespräche, verantwortet das Programmheft zur Inszenierung, wirkt bei den sonstigen Publikationen wie einer hauseigenen Theaterzeitschrift mit und betreut die Presse, sofern damit nicht ein darauf spezialisiertes Mitglied der Dramaturgie, der Leiter der Presse- und Öffentlichkeitsarbeit, betraut ist. An Theatern, die keinen eigenen Theaterpädagogen beschäftigen, kümmert er sich auch um den Kontakt zu Schulen und die Durchführung spezieller Angebote für Kinder und Jugendliche. Den Leiter der Dramaturgie nennt man Chefdramaturg.

Tatsächlich haben sich vergleichbare Positionen im Ausland erst in den letzten Jahrzehnten herausgebildet. In angloamerikanischen Raum kennt man den *literary manager* mit ähnlichen Aufgaben, benutzt aber auch die aus dem Deutschen entlehnte Bezeichnung *dramaturg*, in Frankreich verwendet man den Begriff *dramaturge*, der ursprünglich nur den Dramatiker meinte, seit den 1970er Jahren auch im deutschen Sinn.

Drehbühne

»Um zehn Uhr dreht sich der Wald«, erzählte sich 1905 ganz Berlin. Max Reinhardts Inszenierung von Shakespeares SOMMERNACHTSTRAUM am Neuen Theater verzückte das Publikum nicht zuletzt durch den Einsatz der Drehbühne. Diese fest eingebaute Einrichtung ermöglicht das horizontale Rotieren des Bühnenbodens, genauer gesagt eines kreisrunden Ausschnitts. Mit Hilfe einer Drehbühne können entweder zwei oder drei gleichzeitig aufgebaute Dekorationen rasch gewechselt werden, indem man einen anderen Sektor zum Zuschauerraum hin dreht, oder ein und dasselbe Bühnenbild wird in unterschiedlichen Ausschnitten bzw. aus unterschiedlichen Perspektiven präsentiert. Selbst in einem leeren Bühnenraum kann die Drehbühne zum Einsatz kommen, etwa wenn der Planwagen der Mutter Courage auf der gegenbewegten Drehbühne nach vorne rollt oder Darsteller laufen, ohne sich von der Stelle zu bewegen. In sogenannte Zylinderdrehbühnen sind Hubpodien eingebaut, die während der Drehung hochgefahren, abgesenkt oder auch schräggestellt werden können. Sie ermöglichen eine Fülle szenischer Effekte und machen es zum Beispiel möglich, einen Aufbau spiralartig in die Höhe wachsen oder verschwinden zu lassen. Die Größe von Drehbühnen ist keineswegs auf die Portalbreite beschränkt. So hat die Drehbühne der Oper Frankfurt, deren variables Portal maximal 15 Meter breit ist, einen Durchmesser von 37,40 Metern. In sie integriert sind ein Hubpodium von 15 × 3 Meter Fläche und eine kleinere Drehbühne von 16 Metern Durchmesser.

Die relativ flache Drehscheibe muss, anders als die Drehbühne, nicht fester Bestandteil der Bühne sein, sondern kann unter Umständen zerlegt, auf- und abgebaut werden. Sie dreht sich mit Laufrollen auf dem Bühnenboden, auf den sie aufgelegt und nur in ihrem Mittelpunkt verbunden wird. Drehscheiben können aber auch in Bühnenwagen integriert sein.

Drehscheibe ➤ Drehbühne

Drücken
Ein Schauspieler, der »drückt«, drückt zwar etwas aus, spricht aber mit zu viel Nachdruck, also nicht natürlich, sondern mit zu forciertem und bedeutungsvollem Ton. Spielt er hingegen mit zu viel Kraft und Druck, »stemmt« er – und verliert, im angestrengten Bemühen, »über die Rampe zu kommen«, an Glaubwürdigkeit, so Peter Zadek: »Je lauter und aufgeblasener ich mich verhalte, desto geringer wird meine Intensität.«

Durchfall
Findet eine Inszenierung keinen Anklang, sagt man, sie sei »durchgefallen« oder »ein Durchfall«. Ob dieser Jargonausdruck aus der Studentensprache stammt, wo er seit dem 18. Jahrhundert das Nichtbestehen einer Prüfung meint, oder auf die sonst übliche Bedeutung des Wortes anspielt, sei dahingestellt; Imodium schafft jedenfalls keine Abhilfe.

Durchlauf
Wie der Name schon sagt, lässt man bei dieser Probe das Stück (bzw. einen Teil davon, also etwa einen Akt oder alle Szenen vor der geplanten Pause), in der chronologisch korrekten Abfolge »durchlaufen«. Der Regisseur unterbricht dabei, anders als bei einem Ablauf, nach Möglichkeit nicht.

Durchsprechprobe
Ist eine Inszenierung im Repertoire länger nicht gezeigt worden und keine Bühnenprobe angesetzt, sprechen die Mitwirkenden, um Dialog und Text aufzufrischen, diesen gemeinsam durch, ohne szenisch

zu agieren. Auch bei einer Umbesetzung kann eine solche Probe stattfinden, und nicht selten wird am Vormittag der Premiere eine Durchsprechprobe angesetzt – Erika Mann nannte das »eine leise, alberne, plauderhafte, letzte Rekapitulierung des Textes, ohne Kostüm, ohne Beleuchtung«. Durchsprechproben bestimmter Szenen eignen sich nicht zuletzt zum Üben von Anschlüssen, also um »Löcher« zu vermeiden.

EA ➤ Erstaufführung

Ehrenmitglied
An vielen Theatern ist die früher gar nicht so seltene Ernennung von Ehrenmitgliedern aus der Mode gekommen. Jene des Wiener Burgtheaters werden nach ihrem Ableben auf der Feststiege des Hauses aufgebahrt, dann wird ihr Sarg einmal ums Theater getragen und in einem von der Stadt kostenlos zur Verfügung gestellten Ehrengrab auf dem Zentralfriedhof beigesetzt. Sie können das aber auch testamentarisch verhindern.

Einlass
Das Öffnen des Zuschauerraums, damit das Publikum seine Plätze einnehmen kann. Hat die Vorstellung bereits angefangen (»Sprechen sie schon unnatürlich?«, formuliert man am Theater gerne die Frage nach dem Beginn), besteht vielerorts für Zuspätkommende kein Anspruch auf Nacheinlass, meist dürfen sie aber auf ein Zeichen des Schließers in einem günstigen Moment oder bei einem Aktwechsel Platz nehmen.

Einsingen und Einsprechen
Machen Sänger Stimmübungen zur Vorbereitung einer Vorstellung, nennt man das Einsingen oder Freisingen, bei Schauspielern Einsprechen. Letztere können sich auch freispielen, doch nicht vor einer Aufführung, sondern nur über einen längeren Zeitraum hinweg: Bevor sie auf der Bühne sicher und frei agieren können, müssen sich Anfänger »erst einmal freispielen«.

Einspringen
heißt die kurzfristige Übernahme einer Rolle oder Partie für einen durch Krankheit oder sonstige Umstände verhinderten Kollegen, damit die Vorstellung nicht ausfällt.

Einweisungsprobe
Eine kurze Verständigungsprobe unmittelbar vor Beginn der Aufführung sowie unter Umständen in deren Pause. Der Abendspielleiter orientiert den Künstler, der für einen Kollegen einspringt, oder den Gast, der zwar das Werk, nicht aber die Inszenierung kennt, über deren besondere Gegebenheiten.

Eiserner Vorhang
Diese mehrere Tonnen schwere, bewegliche Brandschutzwand in der Portalöffnung kann Bühnenhaus und Zuschauerraum abtrennen, um als Brandabschluss den Übergriff von Feuer zu verhindern und eine sichere Flucht zu ermöglichen. Der bei Großbühnen seit dem Ende des 19. Jahrhunderts gesetzlich vorgeschriebene »Eiserne«, wie er kurz genannt wird, ist grundsätzlich geschlossen, wird nur für Proben oder Vorstellungen hochgefahren und danach sogleich wieder herabgelassen, wobei eine deutlich vernehmbare Warnglocke erklingt. Die Fahrt dauert mitunter mehrere Minuten, im Falle eines Brandes jedoch nicht mehr als 30 Sekunden, und einmal ausgelöst, fährt der Eiserne Vorhang selbst bei Stromausfall durch sein Eigengewicht selbsttätig herab. Seine ordnungsgemäße Funktion wird vor jeder Vorstellung überprüft.

Eleve
Eleven (vom französischen *élève* = Schüler, abgeleitet von *élever* = emporheben) sind keine fertig ausgebildeten Schauspieler, sondern befinden sich noch in der Ausbildung, sei es an einer Schauspielschule, sei es bei einem Privatlehrer. Wirken sie bereits in professionellen Aufführungen mit, erhalten sie vom Theater einen sogenannten Elevenvertrag und gelten noch nicht als Anfänger.

Gebräuchlich ist der Begriff des Eleven bzw. der Elevin vor allem beim Ballett, wo Nachwuchstänzer nicht selten vor Ende ihrer Ausbildung aufgenommen und im Jargon gerne als *petits rats*, also kleine Ratten, bezeichnet werden.

Engagement
Das französische Wort *engagement* bedeutet Verpflichtung oder Einsatz, und so nennt man auch die vertragliche Bindung eines künstlerisch Tätigen an ein Theater, sei es für eine ganze Saison oder auch nur ein Stück. Wer ohne Arbeit ist, ist ohne Engagement und sucht ein solches. Früher war es nicht unüblich, einen Darsteller in einer Pro-

duktion als Gast »auf Engagement« zu beschäftigen, also sozusagen zur Probe, bevor man ihn fest engagierte und er damit »im Engagement« war. Auch im Englischen kennt man den *engagement contract*, mit dem ein Künstler verpflichtet wird, und wer keinen besitzt, ist *out of engagements*. Das englische *engagement* kann jedoch auch Verlobung bedeuten, und wenn getratscht wird, eine Sängerin sei *engaged*, ist sie weder ein Engagement eingegangen, noch arbeitet sie besonders engagiert, sondern hat ein Eheversprechen abgelegt.

Ensemble
(vom französischen *ensemble* = zusammen, miteinander) bezeichnet die Gesamtheit aller Bühnenkünstler eines Theaters. Es wird nach dessen spezifischen Anforderungen zusammengestellt, im Musiktheater aber gewöhnlich so, dass möglichst alle Gesangsfächer abgedeckt sind. Nachdem im Schauspiel streng abgegrenzte Rollenfächer unüblich geworden waren, galt lange als Faustregel für die Zusammenstellung eines kleinen Ensembles, man müsse mit dessen Mitgliedern Schillers KABALE UND LIEBE besetzen können. Heute sind in vielen Ensembles junge Schauspieler überproportional vertreten, da man ältere Kollegen, deren Gagen höher sind, vielerorts nicht mehr die für die ganze Saison engagiert, sondern bei Bedarf mit Gastverträgen verpflichtet.

En suite
Im En-suite-Spielbetrieb (vom französischen *en suite* = nacheinander) wird im Gegensatz zu dem an deutschsprachigen Theatern vorherrschenden Repertoiresystem eine einzige Inszenierung so lange gezeigt, bis sie »abgespielt« ist und die nächste Inszenierung Premiere hat. Das kleine Schlosstheater Celle beispielsweise, dessen bauliche Gegebenheiten den ständigen Auf- und Abbau von Kulissen erschweren, spielte viele Jahre *en suite*. Auch an den meisten privaten Boulevardbühnen, den großen Musicaltheatern mit ihren besonders aufwendigen Produktionen, im Londoner West End, am Broadway und an den Pariser Boulevardtheatern ist dieses System üblich. In der Oper ist der Begriff Stagionesystem (vom italienischen *stagione* = Jahreszeit) gebräuchlich. Das Semi-Stagione-System stellt eine Mischform dar: Man spielt nicht *en suite*, verteilt die Aufführungen einer Inszenierung aber auch nicht über die ganze Saison, sondern fasst sie in Blöcken zusammen. So lassen sich beispielsweise die Umbaukosten und die Reisespesen der Gäste reduzieren.

Entenschnabelsteife
Dieses meist teleskopartig ausfahrbare Stahlrohr dient der Abstützung und Fixierung von Dekorationsteilen. Die Schnabelsteife wird mit einem sogenannten Klemm- oder Entenschnabel an der Kulisse und mit einem Bühnenbohrer am Boden befestigt.

Erreichbarkeitspflicht
Damit im Falle von Erkrankungen eine kurzfristige Spielplanänderung für den jeweiligen Abend möglich ist, sind die Solomitglieder eines Theaters verpflichtet, bis drei Stunden vor Beginn der Aufführung erreichbar zu sein, in der Schweiz bis 16 Uhr. Diese Pflicht besteht auch, wenn das Mitglied proben- und aufführungsfrei hat. Das Solomitglied erhält lediglich acht freie Tage außerhalb der Theaterferien, an denen es nicht erreichbar sein muss. Diese Regelung gilt allerdings nicht für Souffleure und Inspizienten; sie haben das Anrecht auf einen ganzen oder zwei halbe freie Tage pro Woche, an denen sie jedoch der Erreichbarkeitspflicht unterliegen.

Erstaufführung
Die erstmalige Wiedergabe eines bereits uraufgeführten Werkes in einer bestimmten Sprache, einem Land, einer Region oder einer Stadt. Ein Schauspiel kann also beispielsweise nach der Uraufführung in London als »deutschsprachige Erstaufführung« in Zürich und danach als »deutsche Erstaufführung« (abgekürzt: DE) in München zu sehen sein. Zeigt man es dann erstmals auch dem Tübinger Publikum, ist es allerdings eher unüblich, auf die Tatsache der »Tübinger Erstaufführung« eigens hinzuweisen.

Extempore
Weicht ein Schauspieler spontan vom vorgegebenen Text ab, extemporiert er. Schon in Shakespeares HAMLET appelliert die Titelfigur in der zweiten Szene des dritten Aktes an die Schauspieler: »Und die bei euch die Narren spielen, lasst sie nicht mehr sagen, als in ihrer Rolle steht: denn es gibt ihrer, die selbst lachen, um einen Haufen alberne Zuschauer zum Lachen zu bringen, wenn auch zu derselben Zeit irgend ein notwendiger Punkt des Stückes zu erwägen ist. Das ist schändlich und beweist einen jämmerlichen Ehrgeiz an dem Narren, der es tut.« Es gab Zeiten, da mussten Theaterleiter mit empfindlichen Strafen drohen, um das exzessive Extemporieren ihrer zügellosen Komödian-

ten zu verhindern. Heute handelt es sich bei Extempores (lateinisch *ex tempore* = sogleich, aus dem Moment, aus dem Stegreif) meist um spontane, situationsbezogene Improvisationen zum Überspielen einer Panne, also etwa eines Hängers oder des ausbleibenden Auftritts eines Kollegen, gelegentlich auch als Reaktion auf Publikumsäußerungen. Die in Stücken Nestroys traditionell übliche Aktualisierung eines Couplets durch eine weitere Strophe war früher ebenfalls ein Extempore, mit dem die Zensur umgangen wurde, wird aber heute meist einstudiert.

Externist ➤ Teilspielzeitvertrag

Extrachor ➤ Chor

Fach ➤ Kunstfach

Fade to black
Das allmähliche Ausblenden eines Scheinwerfers bis zum völligen Verlöschen im Gegensatz zum abrupten Blackout.

Falscher Abgang
Tut ein Darsteller so, als verlasse er die Bühne, hält aber inne und kommt zurück, nennt man das einen falschen Abgang. Dieses etwas aus der Mode gekommene Stilmittel, das nicht zuletzt dazu dient, Applaus zu »schinden«, wird vor allem nach Pointen oder einem Lied eingesetzt, besonders bei Couplets auch vor der letzten Strophe. Ein falscher Abgang kann zudem zur Steigerung der Spannung dienen – wie dank Inspektor Columbo jeder Krimifan weiß.

Farbfilter ➤ Gelatine

Faust
Der undotierte, nach Goethes Drama benannte »Deutsche Theaterpreis DER FAUST« wird seit 2006 verliehen, gemeinsam vom Deutschen Bühnenverein, der Kulturstiftung der Länder und der Deutschen Akademie der Darstellenden Künste sowie dem jeweiligen Bundesland, in dem die Vergabe stattfindet. Sie erfolgt jährlich in acht Kategorien: Regie Schauspiel, Darsteller/Darstellerin Schauspiel, Regie Musiktheater, Sängerdarsteller/Sängerdarstellerin Musiktheater, Choreografie,

Darsteller/Darstellerin Tanz, Regie Kinder- und Jugendtheater, Bühne/Kostüm. Aus den Vorschlägen der einzelnen Theater, die jedoch keine eigene Produktion nennen dürfen, nominiert eine Jury in jeder Kategorie drei Künstler, daraufhin stimmen die Mitglieder der Deutschen Akademie der Darstellenden Künste schriftlich ab. Zudem wird ein Lebenswerk ausgezeichnet, darüber hinaus kann der Präsident des Bühnenvereins einen weiteren Preis für besondere Leistungen vergeben.

Fehlbesetzung ➤ Besetzung

Figurine
Der Kostümbildner zeichnet für jede Figur einen Kostümentwurf, nach dem das entsprechende Kostüm angefertigt bzw. aus dem Fundus zusammengestellt wird: die sogenannte Figurine. Meist ist sie mit Ausführungsangaben zu Stoffen und Schnitten sowie Farb- und Materialmustern versehen. Ihre Umsetzung in der Schneiderei verantwortet der Gewandmeister.

Flugwerk
Soll ein Darsteller in einer Inszenierung scheinbar über die Bühne fliegen, benutzt man ein Fluggeschirr, also eine Art Korsett, in dem er befestigt wird, oder ein geeignetes »Personenaufnahmemittel« wie einen Ballonkorb. Diese sind mit einer »maschinentechnischen Einrichtung nach DIN 56950« verbunden, das heißt, sie sind mit vertikal beweglichen Drahtseilen oder Stahlketten an einem Laufwagen angehängt, der – manuell oder maschinell – durch Seilzug auf einer horizontalen Laufschiene bewegt wird, welche wiederum an einem Zug montiert ist. Die gleichzeitige Betätigung beider Seilzugeinrichtungen ermöglicht nahezu beliebige Flugbewegungen innerhalb einer Ebene parallel zum Portal.

Fluter
Schon vor mehreren hundert Jahren verwendete man im Theater eine Art Flutlicht: das Rampenlicht. Bei modernen Flutern handelt es sich zunehmend um LED-Scheinwerfer, meist jedoch sind sie noch mit einem stabförmigen Halogenleuchtmittel ausgestattet, dessen rückwärtig abgestrahltes Licht durch eine Spiegelwanne reflektiert wird. Eingesetzt werden diese Flächenscheinwerfer insbesondere als Oberlicht, oder um als Hintergrundlicht eine Opera einzufärben.

Foyer

Ursprünglich bezeichnete man als Foyer (vom französischen *foyer* = Feuerstelle, Herd) die beheizten Aufenthaltsräume der Darsteller. Das an die Hinterbühne der Pariser Opéra Garnier anschließende »Foyer de la Danse« war im 19. Jahrhundert ein beliebter Treffpunkt der Abonnenten und der von ihnen protegierten Tänzerinnen. Heute nennt man Foyer die vom Zuschauerraum getrennte, nicht selten prunkvoll gestaltete Vorhalle, die dem Publikum zum Aufenthalt vor der Vorstellung und als Wandelhalle in den Pausen dient. In viele Theaterfoyers sind die Garderoben integriert, Buffets, an denen man Getränke und kleine Snacks erwerben kann, sowie der Verkaufsstand einer Buchhandlung. Überdies werden Foyers als Veranstaltungsort für Einführungen und Lesungen genutzt.

Freispielen ➤ Einsingen und Einsprechen

Fresnel

Der Fresnel- oder Stufenlinsenscheinwerfer, kurz »Fresnel« genannt, ermöglicht eine gleichmäßige flächige Ausleuchtung mit weicher Kante. Das Besondere an der Fresnellinse ist die abgestufte konvexe Krümmung in mehreren konzentrischen Ringen, die das Gewicht deutlich reduziert. Der Fresnel wird im Prinzip eingesetzt wie der Plan-Konvex-Scheinwerfer, kurz PC genannt.

Fundus

Die Gesamtheit der gelagerten Kostüme und Accessoires wie Schuhe und Hüte nennt man den (Kostüm-)Fundus (entlehnt vom lateinischen *fundus* = Grund, Boden), ebenso den Raum, in dem sie aufbewahrt werden. Verantwortlich dafür sind üblicherweise die Gewandmeister, an größeren Häusern gibt es die spezielle Position eines Fundusverwalters, der auch für den in der Regel entgeltlichen Verleih von Kostümteilen außer Haus zuständig ist.

Während an vielen Theatern auch Requisiten in einem speziellen Fundus verwahrt werden, nennt man die Lager von Möbeln und Kulissen vielerorts »Depot« oder »Magazin«.

Gaffer

Nein, es handelt sich nicht um eine despektierliche Bezeichnung für das hochverehrte Publikum. Gaffer oder Gafferband (vom englischen *gaffer* = Beleuchtungsmeister) ist ein strapazierfähiges, von Hand reißbares, in aufgeklebtem Zustand wasserfestes und selbst bei hohen Temperaturen fest haftendes, etwa 5 cm breites Klebeband aus faserverstärktem Kunststoff, das rückstandslos entfernt werden kann. Es ist schwarz oder silbern und wird vor allem von Beleuchtern und Tontechnikern verwendet. Mattes, kein Licht reflektierendes schwarzes Gaffer dient beispielsweise zur schnellen, unauffälligen Fixierung von Kabeln auf dem schwarzen Bühnenboden. Gaffer wird auch als »Gaffer Tape« und gelegentlich als »Gaffa« bezeichnet (nach dem so geschriebenen Produkt einer bestimmten Firma), mitunter auch als Lasso.

Gage
Die festangestellten künstlerisch Beschäftigten erhalten das Entgelt für ihre Tätigkeit als Monatsgage. In den Tarifverträgen wird dafür keine Obergrenze festgelegt, wohl aber die Mindestgage. Gästen bezahlt man üblicherweise ein Vorstellungshonorar: die Abendgage. Das Wort Gage stammt zwar aus dem Französischen, bedeutet dort aber Pfand; Künstler erhalten *un cachet*, was, wörtlich übersetzt, ein Stempel ist – auch unsere Wendung »stempeln gehen« rührt ja daher, dass man früher einen Stempel auf seine Karte bekam, wenn man die Arbeitslosenunterstützung abholte. Das freilich tut man nur, wenn man ohne Engagement und folglich ohne Gage ist.

Galerie ➤ Zuschauerraum

Gang
Bewegt sich ein Schauspieler auf der Bühne auf eine neue Position, »macht er einen Gang«. Die bei der Stellprobe festgelegten Gänge werden im Regiebuch notiert. Sie sollten gewöhnlich durch äußere oder innere Impulse motiviert sein, doch einem Schauspieler, der bei jeder vorgeschlagenen Stellung fragt: »Wie komme ich da hin?«, antwortet der entnervte Regisseur gewöhnlich: »Zu Fuß!«

Garderoben
Man unterscheidet die Besucher- oder Publikumsgarderobe (englisch: *cloak room*, französisch: *vestiaire*), an der die Zuschauer ihre Mäntel und Taschen zur Aufbewahrung abgeben können, und die Künstlergarderobe (englisch: *dressing room*, französisch: *loge d'acteur*), die den Mitwirkenden zum Anlegen der Kostüme dient. Den Solisten

stehen an vielen Häusern Einzelgarderoben zur Verfügung, die mit einem Schminktisch vor einem gut beleuchteten Spiegel, meist auch mit einer Liege und einem Waschbecken ausgestattet sind. Chor, Ballett und Statisten kleiden sich in Sammelgarderoben um.

Garderober ➤ Ankleider

Gasse

Den Raum zwischen seitlichen Kulissen oder Hängern bezeichnet man als Gasse. Man kann durch diese Gassen, also zwischen zwei dieser Seitenblenden, auftreten und abgehen, aber auch »in der Gasse« stehen, um das Geschehen auf der Bühne zu beobachten. Ist dort ein Scheinwerfer positioniert, spricht man von Gassenlicht. Die Gassen werden vorne beginnend durchnummeriert, wobei die Gasse direkt hinter der Portalöffnung als Nullgasse bezeichnet wird.

Gastieren

Eine Aufführung, die ein Theater in einer anderen Stadt zeigt, nennt man Gastspiel, spricht aber, vor allem, wenn es sich um (regelmäßige) Vorstellungen im weiteren Umkreis handelt, auch von Abstechern; regelrechte Gastspielreisen hingegen heißen Tourneen. Als Gastspiel bezeichnet man zudem das Auftreten eines Künstlers, der nicht zum Ensemble einer Bühne gehört: Er »gastiert« in einer bestimmten Rolle oder Partie. Ist er fest an einem anderen Theater engagiert, handelt es sich um eine Nebentätigkeit, und er muss um einen sogenannten Gastierurlaub ersuchen. In dieser Zeit hat er, so nicht anders vereinbart, keinen Anspruch auf Fortzahlung der Vergütung, allerdings sieht § 40, Abs. 2 des Normalvertrags Bühne vor, dass eine Aushilfstätigkeit an einem anderen Theater, das dem Deutschen Bühnenverein angehört, unter Fortzahlung der Vergütung erfolgt. Nebentätigkeiten von Orchestermitgliedern bedürfen laut dem Tarifvertrag für die Musiker in Kulturorchestern keiner vorherigen Zustimmung des Arbeitgebers. Musiker nennen sie im Jargon »Mugge« (angeblich eine Abkürzung für »musikalisches Gelegenheitsgeschäft«) oder »Mucke«, laut Duden hergeleitet vom englischen *muck* für Dreck, Drecksarbeit.

Gastvertrag

Mit ihm wird ein Künstler, der nicht in einem festen arbeitsvertraglichen Verhältnis als ständiges Solomitglied an einer Bühne engagiert ist, für eine bestimmte Rolle oder Partie und eine bestimmte Anzahl von Aufführungen verpflichtet – letztere ist nach § 1 Absatz 5 des Normalvertrags Bühne auf 72 pro Spielzeit limitiert. Anders als einem Festengagierten darf ihm die Theaterleitung keine andere als die vereinbarte Rolle bzw. Partie zuweisen. Unterzeichnet ein Künstler mehrere, sich überschneidende Gastverträge mit verschiedenen Bühnen, hat in der Regel der erstabgeschlossene Vertrag Priorität.

Zu unterscheiden ist bei Gastverträgen, ob es sich um einen Arbeitsvertrag handelt, auf den die Bestimmungen des Normalvertrags Bühne anzuwenden sind, einen freien Dienstvertrag, bei dem eine festgelegte Dienstleistung zu erbringen ist, oder einen Werkvertrag, bei dem der Vertragsnehmer einen bestimmten Arbeitserfolg schuldet. Gastspielverpflichtete Solisten, die eine Rolle in einer Aufführung übernehmen und gleichzeitig eine Probenverpflichtung zur Einarbeitung in die Rolle oder eine künstlerische Konzeption eingehen, gelten als nichtselbständig. Stell- oder Verständigungsproben reichen allerdings nicht für diesen Status aus; der Gastvertrag eines kurzfristig einspringenden Sängers kann also ein freier Dienstvertrag sein.

Ein Gastregisseur oder -choreograf wird wie ein Gastbühnenbildner mit einem Werkvertrag verpflichtet und gilt damit juristisch als Selbständiger. Wichtig ist eine solche Unterscheidung vom sozialversicherungspflichtigen Arbeitsvertrag beispielsweise deshalb, weil dem Selbständigen im Krankheitsfall keine Gage ausbezahlt werden muss; unter Umständen ist also der Abschluss eines Teilspielzeitvertrages von Vorteil.

GAV ➤ Tarifvertrag

GDBA ➤ Genossenschaft Deutscher Bühnen-Angehöriger

GdG–KMSfB ➤ Genossenschaft Deutscher Bühnen-Angehöriger

Gelatine
Tönungsfolie oder Gelatine (englisch: *gel* oder *lighting gel*, französisch: *gélatine de couleur*, meist aber abgekürzt *gélat*) nennt man die in Rollen vertriebene, hitzebeständige Farbfolie aus polymerischem Polyesterfilm, mit der das Licht von Scheinwerfern eingefärbt werden kann. Tatsächlich wurden diese Farbfolien ursprünglich aus Gelatine, die aus tierischem Bindegewebe gewonnen wurde, hergestellt.

Um die verschiedenen Farben zu bezeichnen, benutzt man die Nummern der Firma Lee, man spricht also von »106er« oder »181er«, wenn man ein bestimmtes Rot oder Blau meint. Für Mondlicht verwendet man häufig die Folie 142 (»Pale Violet«), einen schönen Hautton erhält man mit Folie 009 (»Pale Amber Gold«). Am gebräuchlichsten sind die Folien 201, 202 und 203, mit denen man Tageslicht erzeugt.

Generalintendant

An manchen großen, mehrere Sparten oder Spielstätten umfassenden Bühnen nennt man deren Gesamtleiter nicht Intendant, sondern Generalintendant. Im »Dritten Reich« hingegen war vom 1. Juli 1937 an dieser Titel nicht an ein bestimmtes Theater gebunden, sondern wurde durch Adolf Hitler auf Lebenszeit verliehen.

Generalmusikdirektor

In Deutschland wurde der Titel Generalmusikdirektor erstmals 1819 vergeben, in Österreich 1930 geschaffen. Er schmückt den künstlerischen Leiter oder Chefdirigenten eines Orchesters und wird – auch verbal – fast immer in der Kurzform GMD verwendet.

Generalprobe

An ihr muss möglichst viel schiefgehen, so ein weitverbreiteter Aberglaube am Theater, denn eine pannenreiche Generalprobe gilt als gutes Omen für eine erfolgreiche Premiere. Kurz GP, im angloamerikanischen Raum *final dress rehearsal* und französisch *répétition générale* genannt (wobei es sich bei der *générale* meist um eine Art Voraufführung für die Presse und geladene Gäste handelt), ist sie die letzte Probe überhaupt: ein Durchlauf der Inszenierung unter Aufführungsbedingungen, der sich – abgesehen von den erwähnten Pannen – in nichts von einer Vorstellung unterscheiden sollte. Die Generalprobe findet meist am Vorabend, eher selten am Vormittag der Premiere statt. Um die Stimmen der Sänger zu schonen, liegt im Musiktheater zwischen der GP und der Premiere häufig ein freier Tag. Die Durchführung einer nichtöffentlichen GP ist in Deutschland für alle Theater, deren Bühnen mehr als 200 m^2 groß sind, durch die Versammlungsstättenverordnung vorgeschrieben. Als nichtöffentlich gilt sie indes auch, wenn sie intern als »hausöffentlich« bezeichnet wird, also von Bühnenangehörigen und allenfalls einigen eingeladenen Personen besucht werden darf. Kann das Publikum (im Preis reduzierte) Karten für die Generalprobe erwerben, muss zwingend eine Hauptprobe der erwähnten Verordnung Genüge leisten. Mancherorts werden diese Zuschauer ausdrücklich gebeten, auf Applaus zu verzichten, auf keinen Fall aber verbeugen sich nach der Generalprobe die Mitwirkenden, denn das brächte Unglück.

Genossenschaft Deutscher Bühnen-Angehöriger

Die 1871 in Weimar gegründete Genossenschaft Deutscher Bühnen-Angehöriger, oft Bühnengenossenschaft oder kurz GDBA genannt, ist die gewerkschaftliche Vertretung der am Theater künstlerisch und künstlerisch-technisch Tätigen. Sie hat ihren Sitz in Hamburg und gliedert sich in sieben Landesverbände sowie die vier Berufsgruppen Solo, Tanz, Opernchor und ATuV (Ausstattung, Technik und Verwaltung). Sie setzt sich für die Verbesserung der Gehalts- und Arbeitsbedingungen ein, verhandelt neue Tarifverträge und Betriebsvereinbarungen, erteilt ihren Mitgliedern Rechtsrat und Rechtsschutz und trägt zusammen mit dem Deutschen Bühnenverein, also dem Verband der Arbeitgeber, die Bühnenschiedsgerichte. Die GDBA gibt zudem alljährlich das Deutsche Bühnen-Jahrbuch heraus. Siehe auch: www.buehnengenossenschaft.de

In der deutschsprachigen Schweiz vertritt der Schweizerische Bühnenkünstlerverband (SBKV) mit Sitz in Zürich deren Interessen (www.sbkv.com), zudem gibt es mit ACT einen Berufsverband der freien Theaterschaffenden (www.a-c-t.ch). In Österreich versteckt sich hinter dem nicht ganz einfach zu merkenden Kürzel GdG–KMSfB die Sektion Bühnenangehörige der Gewerkschaft der Gemeindebediensteten – Kunst, Medien, Sport und freie Berufe (www.gdg-kmsfb.at). Letztere bildet zusammen mit dem SBKV, der GDBA und der Vereinten Dienstleistungsgewerkschaft Deutschlands (VER.DI) den Kartellverband deutschsprachiger Bühnenangehöriger mit Sitz in Wien.

Gewandmeister

Er ist als Bindeglied zwischen Kostümbildner und Schneiderei zuständig für die praktische Umsetzung der Kostümentwürfe. Gemäß den Figurinen des Kostümbildners und den Maßen des Bühnenkünstlers erstellt er die Schnittmuster, wählt gemeinsam mit dem Kostümbildner die geeigneten Stoffe und Materialien aus, überwacht die Fertigung in der Schneiderei und alle notwendigen Anproben.

GMD ➤ Generalmusikdirektor

Gobo
Eine dünne Blechscheibe, in die per Hand oder maschinell kleine Öffnungen geschnitten worden sind, oder eine bemalte bzw. mit einer Chromschicht versehene und an bestimmten Stellen geätzte oder gelaserte Glasscheibe wirft ähnlich wie bei einer Diaprojektion Muster, Texte oder Bilder auf die angestrahlte Fläche, wird sie in die Projektionsebene eines Profilscheinwerfers geschoben. Mit Gobos – der Name ist eine Abkürzung des englischen *graphical optical blackout* – oder Vignetten, wie sie auch genannt werden, lässt sich zum Beispiel recht einfach der Eindruck von durch Laubbäume fallendem Licht erzeugen, mit rotierenden Gobos der Effekt vorbeiziehender Wolken oder von Lichtreflexionen auf bewegtem Wasser. Zwei gegeneinander drehende Gobos mit Linien oder Rastern erzeugen sich verändernde grafische Muster, Moiré-Effekt genannt.

GP ➤ Generalprobe

Green Room ➤ Konversationszimmer

Guckloch
In einer der besten Szenen der vielgespielten Komödie LADIES NIGHT drängen sich die aus finanzieller Not strippenden Arbeitslosen in wachsender Panik um das Guckloch, um zu sehen, vor wem sie sich gleich ausziehen sollen: Diese kleine Öffnung im geschlossenen Hauptvorhang erlaubt den Akteuren einen Blick von der Bühne in den Zuschauerraum.

Halbkreis
In Ermangelung eines überzeugenderen Arrangements gruppieren sich die Darsteller oft unbewusst zu einem Halbkreis. Bei Operettenaufführungen bezeichnet man diese szenische Hilflosigkeit gerne als »Budapester Halbkreis«, ansonsten benennt man sie, mit einer gewissen Selbstironie, üblicherweise nach dem eigenen Haus, spricht also am Schlosstheater Celle vom »Celler Halbkreis«.

Hänger
nennt man das Aussetzen des gelernten Textes. Bleibt ein Schauspieler im Text stecken, sagt man, er »hat einen Hänger«. In der Oper nennt man das plötzliche Aussetzen beim Singen, einen verspäteten oder fal-

schen Einsatz »Schmiss«. Als Hänger bezeichnet man aber auch ein an einem Zug aufgehängtes Bühnenbildteil wie eine Soffitte oder einen Prospekt.

Hauptprobe
Die beiden Proben vor der Generalprobe heißen Hauptproben, abgekürzt HP 1 und HP 2. Es sind Ablauf-Proben mit originaler Ausstattung, d.h. im Bühnenbild, in Kostüm und Maske, mit Beleuchtung und Ton, die, anders als eine AMA, keine festgelegte Endzeit haben. Im Musiktheater kann eine Hauptprobe überdies in zwei Proben aufgeteilt werden, die zusammen nicht länger als sieben Stunden dauern dürfen. Da die 1. Hauptprobe, meist wegen Schwierigkeiten im technischen Ablauf, nicht selten mehrmals unterbrochen werden muss, begleitet sie im Musiktheater der Korrepetitor am Klavier, und das Orchester spielt erst in der 2. Hauptprobe. Auch bei der HP 1 übernimmt aber der Dirigent vom Orchestergraben aus die musikalische Leitung. In Frankreich nennt man die vorletzte Probe vor der Premiere *la couturière* oder *la colonel*, auf Englisch *dress rehearsal.*

Hausordnung
Sie schreibt bei weitem nicht nur fest, wer das Haus zu welchem Zweck betreten oder in welchen Bereichen geraucht werden darf. Die Hausordnung regelt unter anderem die Probenzeiten, die Modalitäten einer allfälligen Krankmeldung, die Residenzpflicht und die Erreichbarkeit sowie eine Fülle weiterer Dinge, darunter zum Beispiel auch den Bezug von Steuerkarten und mit wem ein Darsteller einen geplanten Friseurbesuch abstimmen muss. Sie wird – als Bestandteil der Tarifverträge – vom Bühnenmitglied mit Unterzeichnung seines Vertrages rechtsverbindlich anerkannt. Zuwiderhandlungen können mit Ordnungsstrafen in maximal der Höhe der festen Bezüge einer Woche, in schwerwiegenden Fällen auch mit fristloser Entlassung geahndet werden.

Haustarifvertrag ➤ Tarifvertrag

Hinterbühne
Den hinteren Bereich der Bühne, der für die Zuschauer durch Kulissen verdeckt wird, kann man ebenso als Hinterbühne bezeichnen wie den Raum hinter der eigentlichen Bühne, der – analog der Seitenbühne

seitlich der Hauptbühne – zum Aufbau und Zwischenlagern von Bühnenbildern und Dekorationen dient.

Hörerplätze ➤ Zuschauerraum

Horizont ➤ Rundhorizont

Hosenrolle

»Dazu erforderlich sind: ein schlanker Wuchs, sonores, modulationsfähiges Organ, ungezwungene Tournure, männlicher Anstand, Vermeidung dessen, was an das Weib erinnert, größere Schritte wie gewöhnlich, Decenz im Spiel wie in der Kleidung«, wusste das 1841 in Leipzig erschienene »Theater-Lexikon. Theoretisch-practisches Handbuch für Vorstände, Mitglieder und Freunde des deutschen Theaters« über »Beinkleider-Rollen« zu berichten.

Um eine Hosenrolle im engeren Sinn handelt es sich, wenn eine Männer- oder Knabenrolle von einer Frau dargestellt werden muss, wie etwa der für Mezzosopran komponierte Octavian in Richard Strauss' Oper DER ROSENKAVALIER. Darüber hinaus spricht man aber auch von Hosenrollen, wenn eine Ballerina einen Husaren tanzt, die Titelrolle in Shakespeares HAMLET mit einer Schauspielerin besetzt wird, wie das seit 1741 immer wieder vorkommt, oder eine weibliche Bühnenfigur sich in einen Mann verkleidet wie Viola in Shakespeares WAS IHR WOLLT oder Shen Te in Brechts Stück DER GUTE MENSCH VON SEZUAN.

Hospitant

Regiehospitanten (vom lateinischen *hospitans* = besuchend) dürfen die Entstehung einer Inszenierung von der Konzeptionsprobe bis zur Premiere verfolgen und erhalten so einen vertieften Einblick in den Produktionsprozess. Während ihrer nicht vergüteten, sechs- oder siebenwöchigen Hospitanz unterstützen diese »Gasthörer« die Regieassistenten und übernehmen einzelne Aufgaben wie das Einrichten der Probebühne mit den für die jeweilige Szene erforderlichen Requisiten oder das Führen des Regiebuchs. Regiehospitanzen sind üblicherweise die Voraussetzung für ein Engagement als Regieassistent. Hospitanzen in den Bereichen Dramaturgie oder Ausstattung können ebenfalls inszenierungsbezogen sein, aber auch mehrere Monate dauern.

HP ➤ Hauptprobe

Hubpodium ➤ Bühnentechnik

Hund

So mancher Schauspieler mag im Leben schon auf den Hund gekommen sein, im Theater tun das hingegen schwere Gegenstände: Beim Auf- und Abbau des Bühnenbildes transportiert man sie auf einem Wagen, der, wie der kastenförmige Förderwagen im Bergbau, Hund genannt wird und oft nichts anderes ist, als eine mit vier Rädern versehene stabile Holzplatte.

Andere Hunde sind beim Theater weniger beliebt. »Schlagt ihn tot, den Hund! Er ist ein Rezensent!«, forderte schon der 24-jährige Goethe, den echte Hunde indes noch mehr umtrieben. So verfasste er 39 Jahre später als Theaterleiter in Weimar eine Anordnung: »Kein Hund darf mit auf das Theater gebracht werden.« Als Großherzog Carl August insistierte, dass das Sensationsstück DER HUND DES AUBRY gezeigt werde, und folglich am 12. April 1817 ein dressierter Pudel namens Nero die Bühne des Hoftheaters betrat, gab der Dichterfürst die Direktion auf. Nicht von ihm stammt freilich der Vers: »Dem Hundestall soll nie die Bühne gleichen / und kommt der Pudel, muss der Dichter weichen.«

Hupfdohle

Diese weitverbreitete, respektlose Bezeichnung für Tänzerinnen wird wohl in Unkenntnis ihrer Herkunft gebraucht. Der abschätzige Ausdruck stammt nicht, wie gerne behauptet, von der gleichnamigen Singvogelart; laut Moritz Heynes ab 1890 erschienenem »Deutschen Wörterbuch« ist eine Dohle »ein liederliches, sich preisgebendes Weib«, also nichts anderes als eine Hure.

Iffland-Ring ➤ Auszeichnungen

Inspizient

Er ist für den organisatorischen Ablauf der Vorstellung verantwortlich, den er von seinem Pult aus mittels verschiedener optischer und akustischer Signalanlagen sowie Monitoren, die die Sicht aus dem Zuschauerraum, im Musiktheater zudem den Dirigenten wiedergeben, überwacht und leitet – die außer Gebrauch gekommene deutsche Bezeichnung lautete Spielwart. Dreißig Minuten vor Vorstellungsbeginn begrüßt er in der ersten von drei allgemeinen Durchsagen alle Beteiligten über die Sprechanlage – in allen Garderoben sowie vielen sonstigen Räumen des Theaters befinden sich Lautsprecher –, weitere Durchsagen folgen eine Viertelstunde und fünf Minuten vor Beginn. Auch löst der Inspizient die Klingelzeichen aus, die den Zuschauern den Beginn annoncieren, und sagt, nachdem die Schließer gemeldet haben, dass die Türen des Zuschauerraums geschlossen sind, das Verlöschen des Saallichts (üblicherweise eine programmierte Lichtstimmung) und das Öffnen des Vorhangs an. Während der Vorstellung gibt er mit Hilfe des eingestrichenen Textbuches bzw. des Klavierauszuges die Zeichen für sämtliche Lichtwechsel, Toneinspielungen, szenischen Verwandlungen und Spezialeffekte. Rechtzeitig zu ihrem jeweiligen Auftritt ruft er die Mitwirkenden ein – formell als »die Damen V, X und Y«, »Frau Z« oder »die Herren der Statisterie« tituliert –, ebenso die für einen Umbau notwendigen Bühnenhandwerker. Auch das Ende der Vorstellung sagt er über die Sprechanlage durch und notiert anschließend im Vorstellungsprotokoll die exakten Anfangs- und Schlusszeiten, die Dauer des Applauses sowie besondere Vorkommnisse.

In Frankreich bezeichnet man den Inspizienten als *régisseur*. Auch der englische *stage manager* entspricht dem deutschen Inspizienten und nicht etwa dem Bühnenmeister, übernimmt aber, vor allem auf den Proben, auch Aufgaben des Regieassistenten. Bei großen Musicalproduktionen gehört zu den Mitarbeitern des *stage managements* ein sogenannter *caller*, der während der Vorstellung sämtliche *cues*, also die Einsätze für die technischen Abteilungen, gibt. Das Inspizientenpult nennt man *prompt desk*, obschon wiederum der *prompter* der Souffleur ist.

Inszenierung

Den Prozess der szenischen Umsetzung eines dramatischen Werkes nennt man im Sprech- wie im Musiktheater Inszenierung, ebenso die daraus hervorgegangene Aufführung als solche (nicht aber die einzelne Vorstellung), und zwar in der Gesamtheit der hierfür eingesetzten Mittel, also neben dem Spiel der Darsteller vor allem Musik, Bühnenbild und Beleuchtung, Kostüme und Maske.

Ein Regisseur, der bei einem Werk Regie führt bzw. es in Szene setzt, inszeniert es. Dies kann werktreu, also gemäß der vermuteten Aufführungsabsicht des Autors geschehen oder bemüht um eine eigenständige und zeitgemäße Neuinterpretation, ein Stücktext kann indes auch als Material benutzt werden, und der Regisseur sich als Autor der Inszenierung verstehen. In allen Fällen besitzt er das Urheberrecht an seiner Inszenierung, gewöhnlich aber nicht das Nutzungsrecht. Oft werden die Begriffe Inszenierung und Regie synonym verwendet; Regie betont eher den praktischen Vorgang, während Inszenierung eine umfassendere konzeptuelle Verantwortung für das Gesamtkunstwerk konnotiert. So gab es schon Intendanten, die an ihrem Theater Wert darauf legten, dass sie im Programmheft für die Inszenierung verantwortlich zeichneten, während alle anderen Regisseure »nur« Regie führten.

Intendant

Er ist der gesamtverantwortliche Leiter eines Theaters, seines künstlerischen, technischen und administrativen Betriebs. Der Intendant ist zuständig für die Ausrichtung des Profils der von ihm geleiteten Bühne, repräsentiert sie in der Öffentlichkeit und vertritt nicht zuletzt ihre Interessen gegenüber Rechtsträgern und Subventionsgebern. In Zusammenarbeit mit dem Schauspieldirektor, dem Ballettdirektor und dem Operndirektor bzw. den entsprechenden Oberspielleitern, dem Generalmusikdirektor und den Dramaturgen erstellt er den Spielplan – natürlich unter Berücksichtigung der technischen und finanziellen Möglichkeiten des Hauses –, engagiert die Künstler und entscheidet über Nichtverlängerungen. Auch wenn er nach außen als Alleinverantwortlicher für alle Belange des Theaters auftritt, sind seine Befugnisse häufig durch einen Verwaltungs- oder Kaufmännischen Direktor eingeschränkt.

Intendanten werden gewöhnlich nach einem durch eine entsprechende Kommission und unter Einbezug auswärtiger Fachleute durchgeführten Auswahlverfahren vom Rechtsträger des Theaters berufen und für eine Dauer von vier oder fünf Jahren verpflichtet, wobei die Gage frei ausgehandelt wird. Die Leiter großer Bühnen tragen vielerorts die Bezeichnung Generalintendant.

Ursprünglich war der Intendant (vom französischen *intendant* = Aufseher, Verwalter) ein vom jeweiligen Herrscher bestellter und mit der Verwaltung des Hoftheaters betrauter, nicht selten aber unfähiger, da völlig theaterunerfahrener Hofbeamter. Später blieb die Bezeichnung Intendant den Leitern der oftmals aus ehemaligen Hoftheatern hervorgegangenen Stadt- und Staatstheater vorbehalten, während man diejenigen privater Bühnen distinguierend Direktoren nannte, doch schmücken sich schon seit langem auch solche mit diesem offenbar prestigeträchtigeren Titel. Hingegen spricht man in Österreich und in der Schweiz in der Regel nicht von Intendanten, so werden das ehrwürdige Burgtheater und das renommierte Zürcher Schauspielhaus traditionell von Direktoren geleitet – zur Zeit von Direktorinnen (seit 2011 amtiert Barbara Frey in Zürich allerdings unter der Bezeichnung Intendantin). *Directeur (artistique)* nennt man den Intendanten auch in Frankreich, während der dortige *intendant* in etwa dem deutschen Verwaltungsdirektor entspricht. Der englische Begriff *director* hingegen bezeichnet den Regisseur, einen Theaterleiter nennt man *artistic director, general director* oder *general administrator*.

Italienische Probe
Der Text wird ohne zu spielen, d.h. szenisch zu agieren, fließend gesprochen, in erhöhtem Tempo und mit reduziertem Einsatz von Volumen und Emotionen, also mit jener Leichtigkeit, wie sie den Italienern eigen sein soll. In Frankreich kennt man neben der *italienne* auch die *allemande*: Als »deutsche Probe« bezeichnet man dort einen schnellen Durchlauf im Bühnenbild, bei dem jeder, wie es in den Augen vieler Franzosen dem deutschen Nationalcharakter entspricht, die angeordneten Positionen einnimmt.

Juchhe ➤ Zuschauerraum

Kammermusiker ➤ Orchester

Kammersänger
Schiller verwandte den Begriff Kammersängerin noch abwertend für eine Sängerin, die nicht in der Öffentlichkeit, sondern nur in den versteckteren Räumen der Wohnung singt. Heute werden mit der Verleihung dieses Titels, abgekürzt Ks., hervorragende klassisch ausgebildete Sänger geehrt. Bei Damen lautet die korrekte Anrede Frau Kammersängerin, und nicht, wie in Österreich üblich, Frau Kammersänger – dort gilt ja überdies die respektvoll-höfliche Titulierung mit diesem Berufstitel bekanntlich auch dann als angebracht, wenn ihn der betreffende Künstler gar nicht besitzt.

Kammerschauspieler
Dieser Ehrentitel, im schriftlichen Gebrauch mit Ksch. abgekürzt, wird in Deutschland eher selten und nur von den Rechtsträgern einiger weniger Theater vergeben, darunter früher die Städtischen Bühnen Frankfurt und bis heute das Theater Kiel. In Österreich ist der Berufstitel Kammerschauspieler, den der Bundespräsident verleiht, seit 1926 eine gebräuchliche Auszeichnung vorwiegend, aber nicht ausschließlich, für Mitglieder des Wiener Burgtheaters.

Kammertänzer
ist ein vergleichsweise selten vergebener Ehrentitel analog zum Kammersänger.

Kammervirtuose ➤ Orchester

Kantine
Immer häufiger sind die Theaterkantinen, in denen sich ursprünglich nur die Mitarbeiter des Theaters verpflegen konnten, zumindest in einem Teilbereich öffentlich zugänglich und dienen so der Begegnung von Künstlern und Publikum, mitunter auch als Veranstaltungsort für Diskussionen oder Stückeinführungen.

Kantinenschauspieler
So bezeichnet man Schauspieler, deren Qualitäten sich eher abseits der Bühne zeigen: unerfüllte und nicht selten in Größenphantasien schwelgende Darsteller, die in Theaterkantinen oder Stammkneipen im Anekdotenerzählen brillieren und unter Alkoholeinfluss die Faust ballen, die sie auf der Probe in der Tasche gelassen haben. Die Bretter, aus denen der Tresen gezimmert ist, bedeuten ihnen die Welt; die Kantine ist nicht nur ihre Bühne, sondern auch ihre eigentliche Heimat und oft der letzte Trost, wenn die Anfängerin der stolzen Suada, man habe schließlich noch bei Kortner gelernt, nur entgegnet hat: »Welchen Beruf?«

Kapellmeister ➤ Dirigent

Kartellverband ➤ Genossenschaft deutscher Bühnen-Angehöriger

Kascheur
Entsprechend den Entwürfen des Bühnenbildners gestaltet der Kascheur oder Bühnenplastiker aus Holz, Karton, Ton, Leinwand, Gips, Draht, Styropor, Polyester oder anderen Materialien in vielfältigen Modellier-, Kaschier- und Abformtechniken sämtliche plastischen Teile der Dekoration. Er fertigt beispielweise Stuckarbeiten, stellt leichte Figuren her, die auf der Bühne wie schwere steinerne Statuen wirken, künstliche Bäume oder problemlos auf- und abbaubare Säulen, die nach der Bearbeitung im Malersaal wie aus echtem Marmor erscheinen. Die Arbeit eines Kascheurs besteht also nicht zuletzt darin, teure und schwere Materialien so geschickt durch billigere und leichtere zu ersetzen, dass dies für das Auge des Zuschauers verborgen bleibt – das französische Verb *cacher* bedeutet denn auch nichts anderes als verbergen, verstecken, verdecken.

KBB ➤ Künstlerisches Betriebsbüro

Klappsätze
Wenn kurze Repliken schnell aufeinander folgen, also »auf Anschluss« und »ohne Loch« gesprochen werden, wie das vor allem in Komödien und Schwänken vorkommt, aber auch in dramatischen Szenen wie einem aggressionsgeladenen Verhör, spricht man von Klappsätzen. Damit sie sich im gewünschten Tempo »zugeworfen« werden können, müssen sie intensiv eingeübt und trainiert werden.

Knallcharge ➤ Chargieren

Knochenbeilage
Der junge Gustaf Gründgens reagierte tief verletzt, als er erfuhr, dass er an den Städtischen Bühnen Kiel »sozusagen als Knochenbeilage engagiert« worden war: Der Intendant hatte den Schauspieler Hanns Böhmer verpflichten wollen und nur diesem zu Gefallen auch dessen Freund einen Vertrag offeriert. Als (Knochen-)Beilage bezeichnet man einen Bühnenkünstler, dessen Beschäftigung notgedrungen in Kauf genommen wird, weil das Theater auf das Engagement des Ehe- oder Lebenspartners nicht verzichten will. Das kann die medioker schauspielernde Gattin des Technischen Direktors sein oder die talentfreie Affäre der Wagnerheroine; selbst der große Darsteller Albert Bassermann war jahrzehntelang bekannt dafür, dass er nur auftrat, wenn

auch sein geliebtes »Bobbelsche«, seine Frau Else, eine Rolle erhalten hatte. Die berüchtigtsten Knochenbeilagen dürften indes einige Intendantengattinnen gewesen sein.

Kollektivvertrag ➤ Tarifvertrag

Komparse ➤ Statist

Konventionalstrafe
Für ein bestimmtes schuldhaftes Verhalten, etwa die Nichterfüllung oder vorzeitige Auflösung eines Vertrages, kann zwischen zwei Vertragsparteien eine Geldstrafe vereinbart werden. Wer also ein Engagement zusagt, aber nicht antritt, dem droht eine empfindliche Strafe, in Österreich zum Beispiel bis zur »Höhe der einjährigen festen Bezüge«. Und ein Schauspieler, dessen Zug sich verspätet und der dadurch nicht rechtzeitig im Theater erscheint, riskiert, dass er schlimmstenfalls für den kompletten Vorstellungsausfall aufkommen muss.

Konversationszimmer
Im »Konver«, wie es kurz genannt wird, können sich die Mitwirkenden während der Vorstellungen oder Proben aufhalten, um bühnennah auf ihren Einsatz zu warten. Im Französischen nennt man das Konversationszimmer *foyer des artistes*, im Englischen *green room*. Die Herkunft dieser Bezeichnung ist umstritten, es wird aber gerne behauptet, sie rühre von der fahlen Gesichtsfarbe der unter Lampenfieber leidenden Akteure her.

Konzeptionsprobe
Zu Beginn des Probenprozesses stellen das Regieteam, also insbesondere Regisseur, Bühnenbildner und Kostümbildner, den übrigen Beteiligten ihre Konzeption vor: Sie erläutern die Stückauslegung und deren intendierte szenische Umsetzung, präsentieren das Bühnenbildmodell und die Figurinen. Üblicherweise liefert der Produktionsdramaturg Informationen zum historischen und thematischen Kontext des Werkes, gewöhnlich weist er auch auf Sekundärliteratur hin bzw. verteilt einen Reader mit daraus zusammengestellten Texten. Im Anschluss an die Konzeptionsbesprechung findet die erste Leseprobe statt.

Korrepetitor

Der Korrepetitor oder auch Repetitor – diese Bezeichnung leitet sich ebenso vom lateinischen *repetere* = wiederholen her wie das französische *répétiteur*, englisch wird er indes *coach* genannt – ist eine Art Dienstleister am Klavier. Er ist unentbehrlich, hat oftmals einen größeren Einfluss auf die sängerische Gestaltung als der Dirigent und begleitet die Solisten und Choristen sowohl beim Erarbeiten einer Partie als auch bei den szenischen Proben ohne Orchester. Streikt dieses, kann es vorkommen, dass er im Orchestergraben Platz nimmt, um die abendliche Vorstellung zu retten, ansonsten ist der (Kor-)Repetitor an dieser nur beteiligt, wenn ein Tasteninstrument wie Cembalo gespielt werden muss. Üblicherweise ist er ein ausgebildeter Dirigent – viele Verträge beinhalten die Dirigierverpflichtung –, an manchen Musikhochschulen gibt es aber auch die spezielle Studienrichtung »Korrepetition«, die eine wissenschaftliche Ausbildung in Musiktheorie und eine praktische musikalische Ausbildung umfasst. Vorgesetzter sämtlicher Korrepetitoren eines Hauses ist der Studienleiter.

Korrepetitoren, die speziell für das Ballett arbeiten, also für die musikalische Betreuung des Trainings und der Proben des Ballettensembles verantwortlich sind und bei Tanzvorstellungen die Tasteninstrumente spielen, heißen Ballettkorrepetitoren.

Kostüm

Was ein Darsteller auf der Bühne am Körper trägt, bezeichnet man als Kostüm. Dazu gehören Schuhe, Hüte und Schmuck, aber unter Umständen auch eine Körperbemalung – selbst ein nackter Bühnenkünstler trägt ein »unsichtbares Kostüm«. Entworfen bzw. ausgewählt werden die Kostüme durch den Kostümbildner gemäß den Erfordernissen des Werkes, der Individualität des Darstellers und nicht zuletzt dem Konzept der Inszenierung. Während früher Bühnenmitglieder einen umfangreichen Bestand an Kleidung besitzen mussten und ihnen vom Theater lediglich historische Kostüme gestellt wurden, erhalten sie heute alles Erforderliche vom Arbeitgeber, in der Regel sogar die auf der Bühne getragene, für den Zuschauer gar nicht sichtbare Unterwäsche – manche Bühnenkünstler glauben, es bringe Unglück, ein privates Kleidungsstück auf der Bühne zu tragen. Ausgenommen sind lediglich Proben- und Trainingskleidung, wobei es durchaus üblich ist, auch Probenkostüme zur Verfügung zu stellen. Laut § 25 des Normalvertrags Bühne müssen männliche Bühnenmitglieder allerdings »für den dienstlichen Gebrauch« noch immer einen Straßenanzug stellen, weibliche ein Straßenkleid, zudem »beide Geschlechter das zu Anzug und Kleid jeweils gehörende Schuhwerk sowie die dazugehörige Kopf- und Handbekleidung«. Ob sich wirklich alle in Österreich tätigen Solisten darüber im Klaren sind, dass sie der zwischen dem Theatererhalterverband Österreichischer Bundesländer und Städte und dem Gewerkschaftsbund abgeschlossene Kollektivvertrag verpflichtet, »zwei Straßenanzüge, einen Cut-away-Anzug, einen Frackanzug, einen Smoking-Anzug, einen Sommer- und einen Wintermantel« zur Verfügung zu stellen bzw. »zwei Straßenkleider, ein Gesellschaftskleid, ein Ballkleid, ein Morgenkleid, ein Trauerkleid, einen Sommer- und einen Wintermantel«, jeweils samt Schuhen, Handschuhen und Hüten? Hingegen heißt es im Schweizer Gesamtarbeitsvertrag schlicht: »Die Bühnenleitung liefert dem Bühnenmitglied die zur Aufführung erforderlichen Kleidungs- und Ausrüstungsstücke.«

Kostümbildner

Er entwirft in Abstimmung mit dem Regisseur und dem Bühnenbildner die Kostüme einer Inszenierung. Die praktische Umsetzung dieser Entwürfe, die als Figurinen vorliegen, verantwortet der Gewandmeister. Viele Häuser haben einen fest angestellten Kostümbildner als Leiter der Kostümabteilung. Er koordiniert, meist unterstützt durch Kostümassistenten, die Arbeit aller anderen, als Gast verpflichteten freiberuflichen Kostümbildner mit den entsprechenden Abteilungen, insbesondere der Schneiderei.

Kostümfärber

Gemäß den vom Kostümbildner gelieferten Farbmustern bearbeitet, färbt, besprüht und bemalt der Kostümfärber, der auch Kostümmaler (und beim Film Kostümpatinierer) genannt wird, textile Materialien und Schuhe und ist nicht zuletzt für deren künstliches Altern oder Verschmutzen zuständig. Nur größere Theater haben spezialisierte Kostümfärber, an anderen Häusern werden deren Aufgaben von einem Kostümassistenten oder dem Kostümbildner selbst übernommen.

Kostümplastiker

Er fertigt jene Teile des Kostüms an, die nicht genäht werden können, also beispielsweise künstliche Buckel, Busen und Bäuche oder die Flügel und den Schnabel für ein Vogelkostüm.

Kritik

Natürlich bezeichnet man so die Besprechung einer Inszenierung im Feuilleton der Zeitung, doch auch der Regisseur »macht Kritik«, insbesondere nach Durchläufen und Hauptproben. Die Beteiligten versammeln sich auf der Bühne oder an einem anderen Ort, um sich anzuhören und gegebenenfalls aufzuschreiben, was der Regisseur für lobenswert oder verbesserungswürdig hält. Dies hat er während der Probe dem Regieassistenten stichwortartig zugeflüstert, dessen Notate nun als Gedächtnisstütze für die Kritik dienen. *Note session* nennt man denn auch diese Kritik im Englischen, *line note session* die Hinweise des Souffleurs (bzw. des *stage managers*) auf Textungenauigkeiten. Um den künstlerischen Standard zu halten, werden bei en suite laufenden Musicalproduktionen selbst kleinste Fehler in der Choreografie oder im Gesang, die das künstlerische Team notiert hat, in regelmäßig stattfindenden *note sessions* angemerkt.

Kulisse

Ursprünglich bezeichnete man als Kulissen die Schienen, in denen Dekorationswände – mit perspektivisch bemaltem Stoff bespannte Holzrahmen – verschoben wurden. Heute meint man mit diesem Begriff die Bühnendekorationen bzw. das gesamte Bühnenbild. Darüber hinaus geschieht umgangssprachlich alles, was dem Publikum oder der Öffentlichkeit verborgen bleibt, »hinter den Kulissen«. Bietet ein Theater also dem Publikum einen »Blick hinter die Kulissen« an, handelt es sich entweder um eine Führung mit Besichtigung der Werkstätten oder einen Besuch der Proben.

Kunstfach

Laut § 2 des Normalvertrags Bühne soll bei Solomitgliedern neben der Kunstgattung, für die sie verpflichtet sind (also zum Beispiel Oper, Operette, Schauspiel), das Kunstfach vereinbart werden, das die jeweilige Aufgabe definiert. Auch in Österreich und der Schweiz müssen das Kunstfach bzw. die Kunstfächer im Vertrag aufgeführt werden.

Das Kunstfach von solistisch tätigen Sängerinnen und Sängern wird über die Stimmlage wie Sopran, Mezzosopran, Alt, Tenor, Bariton und Bass hinaus differenziert nach Stimmcharakter und Rollentyp. Es bestimmt die Partien, mit denen die Solisten betraut werden dürfen, woraus freilich kein Anspruch auf jede Partie dieses Rollengebiets erwächst. Ein dramatischer Sopran oder hochdramatischer Sopran übernimmt Heldinnenrollen in tragischen Opern wie die Titelpartien in Puccinis TURANDOT und Strauss' ELEKTRA. Eine leichtere Stimme haben jugendlich-dramatische Sopranistinnen, die beispielsweise die Agathe in Webers FREISCHÜTZ singen, und besonders Sängerinnen, deren Kunstfach der lyrische Sopran ist: Sie besetzt man als Pamina in Mozarts ZAUBERFLÖTE oder als Mimi in Puccinis BOHÈME. Weist eine Sopranstimme eine besondere Beweglichkeit im hohen Register auf, bezeichnet man sie als Koloratursopran. Bekannte Partien für den dramatischen Koloratursopran, eine kraftvolle Stimme mit hohem Tonumfang, sind die Königin der Nacht in Mozarts ZAUBERFLÖTE und die Titelpartie in Alban Bergs LULU. Eher leicht und agil ist die Stimme einer lyrischen Koloratursopranistin, beinahe schon zart diejenige der Koloratursoubrette und der leichten Koloratursoubrette. Mezzosopranistinnen, deren Stimmlagen entweder eher ein Sopran- oder ein Alt-Timbre aufweisen, singen beispielsweise die Titelpartie in Bizets CARMEN oder die Azucena in Verdis TROUBADOUR und spielen Hosenrollen wie Cherubino in Mozarts HOCHZEIT DES FIGARO. Eine Sängerin der Stimmgattung Alt bezeichnet man als Altistin oder auch als Alt, einen Sänger derselben Stimmlage als Altist, Altus oder Countertenor. Tenor-Stimmfächer sind beispielsweise der lyrische Tenor (der etwa den Tamino in Mozarts ZAUBERFLÖTE singt), der Spieltenor oder Tenorbuffo, der Charaktertenor, der jugendliche Heldentenor, den man mit Partien wie dem Max in Webers FREISCHÜTZ betraut, und der Heldentenor, dem Partien wie der Otello von Verdi und der Siegfried von Wagner obliegen. Beim Bariton unterscheidet man den lyrischen Bariton (z.B. die Titelpartie in Rossinis BARBIER VON SEVILLA), den Heldenbariton (Wotan in Wagners RHEINGOLD) und gelegentlich den ihm stimmverwandten Charakterbariton sowie – heutzutage eher selten – den Kavalierbariton (etwa die Titelpartie in Mozarts DON GIOVANNI). Der Bassbariton ist, wie der Name sagt, zwischen Bariton und Bass angesiedelt. Die tiefe Stimmlage Bass, in der man Partien wie den Sarastro in Mozarts ZAUBERFLÖTE oder Philipp II. in Verdis DON CARLOS singt, differenziert sich in den hohen Bass, den Charakterbass und den seriösen Bass, zudem kennt man den Bassbuffo.

Im Schauspiel, wo man längst nach der Individualität des Schauspielers und gemäß dem Konzept der Inszenierung besetzt, sind die Fachbezeichnungen, die verschiedene Rollencharaktere vereinen und stereotypisieren, zwar weitgehend außer Gebrauch gekommen, aber ebenfalls nach wie vor Bestandteil des Normalvertrages. Wird ein Kunstfach vereinbart – üblicherweise differenziert in Charakterspieler(in), Held(in), Väter- bzw. Mütterspieler(in), Komiker(in) und Salondame bzw. Bonvivant –, darf der Darsteller nur in entsprechenden Aufgaben beschäftigt werden. Laut § 54 Absatz 6 des Normalvertrags Bühne kann die Bezeichnung eines bestimmten Kunstfachs der Kunstgattung Schauspiel aber durch eine Umschreibung des Rollengebiets nach charakteristischen Merkmalen ersetzt werden.

Während heute die Festlegung des Kunstfachs keineswegs einen Anspruch auf bestimmte Rollen begründet, garantierte sie früher dem Schauspieler eine Art Fach-Monopol. Bei der Zusammenstellung des Ensembles achtete der Direktor darauf, dass alle wesentlichen Fächer abgedeckt wurden, engagierte die Darsteller aber oft für mehrere oder nicht genauer definierte »angrenzende« Fächer oder »Rollen nach Eignung«, was ihren Einsatz flexibler machte, oder verpflichtete einen Schauspieler als Utilité. Die Fachbezeichnungen waren dabei keinem festen Regelwerk unterworfen, sondern unterlagen immer wieder Veränderungen. Bei den Damen kannte man beispielsweise die jugendliche Naive und die Muntere, die jugendliche Heldin und die Sentimentale, die Heroine, die Salondame, die Mütterspielerin, die Intrigantin und die komische Alte, bei den Herren den Naturburschen, den jugendlichen Komiker, den jugendlichen Liebhaber, den Helden und den schweren Helden, den Bonvivant, den Raisonneur, den Väterspieler, den Intriganten, den Komiker, den Charakterkomiker und den Charakterspieler. Diese Fächer wurden noch weiter ergänzt bzw. differenziert: Es gab etwa den Heldenvater, den Père noble, den zärtlichen Alten, der zum Beispiel den Odoardo in Lessings EMILIA GALOTTI zu spielen hatte, und den komischen Alten, mit dem man den Wirt in Lessings MINNA VON BARNHELM besetzte. Rang und Rollenanspruch der Darsteller wurden durch eine Zufügung wie »Erster« Held verdeutlicht.

Im Alltagsgebrauch verwendet man heute die Fachbezeichnungen nach wie vor, um einen Schauspieler und seine darstellerischen Möglichkeiten zu charakterisieren. Und vor allem bei Schauspielerinnen eines gewissen Alters spricht man davon, dass »ein Fachwechsel fällig« sei, sie also keine Rollen für jugendliche Liebhaberinnen, sondern Mütterrollen spielen sollten. Verkörpert ein Schauspieler seinem Alter nicht adäquate, sondern deutlich jüngere Figuren, spricht man von »runterspielen« oder »nach unten spielen«, ist er in der Lage, auch ältere Charaktere darzustellen, von »raufspielen« oder »nach oben spielen«.

Künstlerischer Betriebsdirektor ➤ Disponent

Künstlerisches Betriebsbüro
Es ist das organisatorische Herzstück des Theaters und setzt die langfristige Planung des ihm übergeordneten Disponenten in der täglichen Arbeit um, sofern nicht, wie an kleineren Häusern üblich, beide Aufgaben in ein und derselben Hand liegen. Der Leiter des KBB erstellt – in Absprache mit den Regisseuren bzw. den Regieassistenten – den Tagesarbeits- bzw. Probenplan, teilt die Probenräume zu und die Beschäftigten ein. Er nimmt Honorarabrechnungen ebenso entgegen wie Urlaubsgesuche, über die er freilich nicht entscheidet. Auch Krankmeldungen erfolgen beim Leiter des KBB, der im Notfall abklärt, ob ein Kollege einspringen kann, sich um das kurzfristige Engagement eines Gastes bemüht oder eine Ersatzvorstellung ansetzt.

Künstlersozialkasse
Selbständig tätige Bühnenkünstler, also etwa Regisseure oder Bühnenbildner, die mit Werkverträgen verpflichtet werden, sind seit 1983 mit der Künstlersozialversicherung in den Schutz der gesetzlichen Sozialversicherung einbezogen. Auch sie bezahlen, wie Arbeitnehmer, nur die Hälfte der jeweils fälligen Beiträge selbst, die andere Hälfte stockt die Künstlersozialkasse mit Sitz in Wilhelmshaven auf, und zwar aus einem Zuschuss des Bundes und Sozialabgaben von Unternehmen und Verwertern, die künstlerische oder publizistische Leistungen in Anspruch nehmen. Die KSK leitet dann die vollen Beiträge an die Leistungsträger der Renten-, Kranken- und Pflegeversicherung weiter.

Lacher
Nicht wenige Schauspieler befinden sich permanent »auf der Lauer nach Lachern«, also den Reaktionen des belustigten Publikums auf einen komischen Vorgang oder eine Pointe; ein amüsierwilliges Publikum kann aber ebenso »auf Lacher aus sein« wie ein Schauspieler. Es gibt »sichere Lacher«, also Pointen, die immer »zünden«, und unbeabsichtigte Lacher als Reaktion auf eine Panne. »Falsche Lacher« an ernst gemeinten Stellen indizieren entweder die peinliche Berührtheit, die Unsicherheit oder das Entsetzen des Publikums oder aber eine unglaubwürdige Darstellung, also zum Beispiel falsches Pathos.

Lachwurzen

Lachwurzen sind Bühnenkünstler, die auf der Bühne leicht zum Lachen zu bringen und dadurch stets in Gefahr sind, die Szene zu »schmeißen«. Dies kann durch eine kleine Panne ausgelöst werden, ein Extempore oder einen Versprecher. Vertauscht also ein Schauspieler, der in Shaws DON JUAN IN DER HÖLLE sagen sollte, dass »die Vögel mit ihrer Macht zu fliegen« dem Menschen überlegen seien, in seiner Replik versehentlich Nomen und Verb, sollte er keine Lachwurzen als Partner haben.

Lampenfieber

Es entsteht vor dem Auftritt aus Angst vor negativen Bewertungen und äußert sich wie jeder akute Stress mit körperlichen Symptomen wie Herzklopfen, Schweißausbrüchen, Zittern an Armen und Beinen, einem trockenen Mund, Kopfschmerzen, Übelkeit, Harndrang oder Durchfall, auf der Gefühlsebene mit dem Gefühl der Hilflosigkeit, des Ausgeliefertseins, der Verzweiflung, der Scham und nicht zuletzt auf der Ebene des Denkens mit Konzentrationsstörungen und Vergesslichkeit. Lampenfieber muss jedoch die Leistung nicht beeinträchtigen, sondern kann auch in die notwendige Spannung und Konzentration für einen Auftritt versetzen.

Landesbühne

Ein Theater der öffentlichen Hand, dessen Träger meist das Land und die bespielten Gemeinden sind, dessen Rechtsträger aber zum Beispiel auch ein Bezirksverband oder eine GmbH sein können. Eine Landesbühne besitzt ein Stammhaus, absolviert jedoch einen beträchtlichen Teil ihrer Vorstellungen auf Abstechern und versorgt so Gemeinden, die über eine Spielstätte – welche freilich auch eine Schulaula oder eine Mehrzweckhalle sein kann –, aber nicht über ein eigenes Ensemble verfügen, mit Theateraufführungen. In Baden-Württemberg beispielsweise erfüllen diese Aufgabe die Badische Landesbühne Bruchsal, die Württembergische Landesbühne Esslingen und das Landestheater Württemberg-Hohenzollern Tübingen Reutlingen; alle drei werden überwiegend vom Land finanziert, das 70 bis 80 Prozent des Gesamtbudgets übernimmt.

Lange Probe
Hält man, statt in zwei durch eine mehrstündige Pause getrennten Blöcken, also beispielsweise von 10 bis 14 und von 19 bis 22 Uhr zu proben, nur eine Probe ab, die die Dauer von vier Stunden deutlich überschreitet, spricht man von einer Langen Probe.

Längsfahrer ➤ Bühnenwagen

Lappen ➤ Vorhang

Lasso
Mit diesem Lasso wird niemand eingefangen. Die ca. 2 cm breiten und gut beschreibbaren Textilklebebänder in verschiedenen Farben werden dazu verwendet, die Positionen für Möbel auf dem Bühnenboden zu markieren. Gelegentlich bezeichnet man aber auch Gaffer als Lasso oder Lassoband.

Leseprobe
Im Anschluss an die Konzeptionsprobe lesen alle Beteiligten auf der Probebühne den ihnen zugeteilten Text laut vor. Dabei gewinnt der Regisseur, vor allem wenn er als Gast am Haus inszeniert, einen ersten Eindruck von der Individualität, aber auch dem Zusammenspiel der Mitwirkenden, die wiederum schon grundlegende Gestaltungshinweise erhalten. Zudem versichert man sich bei dieser Gelegenheit, dass allen dieselbe Strichfassung vorliegt. Kommt es darüber zu Diskussionen, werden nicht selten einzelne Passagen auf Drängen der Darsteller wieder »aufgemacht«, andere gestrichen. Manche Regisseure beginnen sogleich nach der Leseprobe mit Stellproben, andere verbringen, bevor die szenische Umsetzung beginnt, mehrere Tage oder sogar Wochen mit Leseproben am Tisch.

Libretto
Den Text eines musikdramatischen Werkes, also einer Oper, einer Operette oder eines Musicals – und im erweiterten Sinne auch das Szenarium eines Balletts – bezeichnet man als »Büchlein«, so die wörtliche Übersetzung des italienischen *libretto*. Die Verwendung des Diminutivs erklärt sich dadurch, dass gesungener Text wesentlich mehr Zeit benötigt als gesprochener und daher das Textbuch einer Oper in der Tat höchst selten ein dickes Buch ist.

Lichtgestalter

Es war Max Keller, der 1975 als Beleuchtungsmeister an den Staatlichen Schauspielbühnen Berlins den Beruf des Lichtgestalters proklamierte. Der die kreative Lichtsetzung verantwortende Lichtgestalter (auch Licht-Designer, Light-Designer, englisch aber eigentlich *lighting designer* genannt) kann an einem Theater als Leiter der Beleuchtungsabteilung fest verpflichtet oder gastweise an verschiedenen Bühnen tätig sein.

links / rechts

Im deutschsprachigen Raum wird alles, was auf der Bühne geschieht, aus der Blickrichtung des Regisseurs kommentiert. Die Anweisung, nach rechts zu gehen, wird also aus der Perspektive des Zuschauerraums gegeben, der Schauspieler geht, von sich aus gesehen, nach links. Im angloamerikanischen Raum folgen Positionen und Richtungsangaben der Perspektive der Schauspieler: *stage left* entspricht also unserer rechten Bühnenseite, *stage right* unserer linken. Will man Angaben aus der Perspektive des Publikums machen, spricht man von *house left* und *house right*. Eine Position in der Tiefe der Bühne bezeichnet man als *up*, an der Rampe als *down*. Um jegliche Missverständnisse auszuschließen, haben sich in Frankreich ähnlich wie in der Schifffahrt, wo man bekanntlich von Backbord und Steuerbord spricht, schon seit langem eindeutige Bezeichnungen durchgesetzt. Vor der Französischen Revolution unterschied man die Seiten der Logen des Königs (*côté du roi*) und der Königin (*côté de la reine*). Seither benutzt man Begriffe, die sich ursprünglich auf die spezifische Lage der Pariser Comédie-Française, die ab 1770 in der Salle des Machines bei den Tuilerien spielte, bezogen: Man spricht von *côté jardin* (vom Zuschauerraum aus gesehen links) und *côté cour* (rechts), also Garten- und Hofseite. Entsprechend nennt man die auf der jeweiligen Seite arbeitenden Bühnenhandwerker *couriers* und *jardiniers*. Die Lage der Seiten merken sich Franzosen durch die Initialen von Jesus Christus (»J. C.« wie *jardin / cour*). Auch bei uns verwendet man an manchen Theatern zumindest bei der Ausformulierung der Applausordnung spezifische Bezeichnungen wie etwa Inspizientenseite / Souffleusenseite, Foyerseite / Garderobenseite oder, entsprechend der Situierung der Künstlergarderoben, Damenseite / Herrenseite. Am Berliner Schauspielhaus am Gendarmenmarkt unterschied man »Charlottenburg« und »Berlin«, Hamlet kam dort also »von Charlottenburg«, Ophelia wankte »nach Berlin«.

Traditionell signalisierte ein Auftritt von rechts dem Publikum das Gute. So erklärt in Botho Strauss' Komödie BESUCHER der berühmte Schauspieler Karl Joseph seinem Kollegen Max: »Wenn ich etwas zu verbergen habe, irgendetwas im Schilde führe, komme ich von links: Herzseite verdeckt vorm Publikum. Habe ich dagegen ein aufrichtiges Gefühl mitzuteilen, komme ich von rechts: Herzseite offen zum Publikum.« Noch heute bevorzugen manche Schauspieler die wirkungsvollere Position auf der linken Bühnenseite, denn wer dort steht, beherrscht angeblich die Szene, da das Auge des Zuschauers von links nach rechts »liest«.

Loch

Entstehen im Dialog oder in der Handlung Pausen, die nicht notwendig, nicht sinnvoll und nicht »gefüllt« sind, spricht man von »Löchern«. Um diese zu vermeiden, wird vor allem in Komödien »auf Anschluss« gespielt. Auch wenn ein Schauspieler einen Hänger hat, also im Text nicht weiter weiß, sagt man, er habe ein Loch. »Fällt« man dagegen »ins Loch«, so empfindet man unmittelbar oder am Tag nach einer Premiere, also wenn die Anspannung nachgelassen hat, eine innere Leere und leidet unter einer Art postnataler Depression. Dass manche Bühnenkünstler »aus dem letzten Loch pfeifen« oder »wie ein Loch saufen«, ist ein anderes Thema.

Loge

Um das unbestuhlte Parkett des Barocktheaters befanden sich mehrere Ränge, die durch Zwischenwände in kleine, zur Bühne hin offene Räume mit Sitzplätzen eingeteilt waren: die Logen. Sie sind in vielen Theatern noch immer vorhanden, bieten Platz für mehrere Zuschauer und verfügen oft sogar über separate Vorräume, in denen die Garderobe deponiert werden kann. Je nach Lage unterscheidet man Parkett-, Balkon- und Ranglogen sowie die unmittelbar neben der Vorbühne gelegenen Bühnen- oder Proszeniumslogen. Direkt gegenüber der Bühne, in der Mitte des Balkons bzw. des ersten Ranges, liegt gewöhnlich eine große Mittelloge, damals meist Fürsten-, Königs- oder Kaiser-, heute oft Staatsloge genannt; es gibt aber auch Theater, in denen dem Regenten die Proszeniumsloge vorbehalten war, die heute vielerorts für die Theaterleitung reserviert ist und folglich Intendantenloge genannt wird. Das französische Wort *loge* hat dieselbe Bedeutung wie im Deutschen, bezeichnet darüber hinaus aber auch die Garderobe der Darsteller.

Logenschließer ➤ Schließer

Magazin ➤ Fundus

Malersaal
In der räumlich größten aller Werkstätten werden sämtliche Dekorationsteile gemäß den Farbmustern, die der Bühnenbildner hergestellt hat, bemalt, vom Requisit über die hölzerne Wand bis zum Bodentuch und dem bühnenraumbreiten Prospekt aus Nessel oder Leinwand. Hierzu wird der Stoff auf dem Boden ausgespannt; manche Malersäle sind aber auch mit Zügen ausgestattet, die es erlauben, Prospekte in voller Größe aufzuhängen. Nach der Grundierung werden die Zeichnungen des Bühnenbildners maßstabsgerecht als Skizze übertragen, dann trägt der Maler stehend und mit langstieligen Bürsten bzw. Pinseln die gewünschten Farben auf und kontrolliert seine Arbeit immer wieder aus möglichst großer Distanz, gewöhnlich von einem vier oder fünf Meter höheren Umlauf aus. Da der Malersaal früher wegen der optimalen Lichtverhältnisse im Dachstock des Theaters untergebracht war, nennt man ihn hie und da auch Malerboden.

Markieren
Man spricht sowohl von Proben mit markierter, also nur angedeuteter Dekoration, als auch vom Markieren der Schauspieler oder Sänger auf einer Probe, wenn diese nicht »voll ausspielen« oder »voll aussingen«, sondern nur die Umrisse der Darstellung ihrer Rolle andeuten und ihre »Mittel schonen«, also mit reduziertem Einsatz von Stimme, Körperkraft und Nerven agieren. »So unschicklich nun diese abgeschmackte Angewöhnung ist, weil sie eine Nichtachtung gegen die Kunst ausspricht, so verderblich ist sie, nicht allein für den Einzelnen, dessen Fortschreiten sie nothwendig hemmt, sondern auch für das Ensemble, weil Einer den Andern nur zu leicht herabzieht und zur Gleichgültigkeit verführt, u. weil es so unmöglich ist, Harmonie, Rundung u. Feuer in das Ganze zu bringen«, warnte 1841 das »Theater-Lexikon. Theoretisch-practisches Handbuch für Vorstände, Mitglieder und Freunde des deutschen Theaters«: »Jede würdige Verwaltung einer würdigen Anstalt wird mit Ernst u. Strenge gegen dieses verderbliche Treiben sich stemmen u. bei der Generalprobe ausdrücklich darauf bestehen, daß von allen Seiten aufmerksam und vollständig probirt werde.«

Während im deutschsprachigen Raum auf der Probebühne das Bühnenbild durch Stellwände, funktionierende Türen oder Fenster und Möbel, die den original zu verwendenden möglichst ähnlich sind, markiert wird (englisch: *mock up rehearsal*), pflegt man in den USA die Position von Wänden und Möbeln lediglich durch weißes oder farbiges Klebeband (*spike tape*) auf dem Boden zu kennzeichnen – Probebühnen sehen dort also so ähnlich aus wie die Szenerie in Lars von Triers Film DOGVILLE.

Maske

»Maske machen« – der Begriff ist vom arabischen *maskharat* für Narr, Posse, Scherz hergeleitet – bedeutet die für eine Vorstellung notwendige Veränderung des Aussehens durch Schminke und Perücken. Die sichtbar auf der Bühne mitwirkenden Künstler müssen vor jeder Vorstellung »in die Maske«, also jene Abteilung, in der die Maskenbildner tätig sind. Als »Maskenzeit« bezeichnet man die für jeden einzelnen Darsteller genau festgelegte Uhrzeit, zu der dieser erscheinen muss, bzw. die entsprechende Zeitspanne vor Vorstellungsbeginn. Die Maskenzeiten werden am Schwarzen Brett oder auf dem Gang vor den Garderoben ausgehängt und richten sich nach der Reihenfolge des Auftretens und nach dem Aufwand der einzelnen Maske sowie selbstverständlich nach der Kapazität der verfügbaren Maskenbildner, nehmen aber unter Umständen auch Rücksicht auf individuelle Wünsche der Darsteller.

Maskenbildner

Für die optische Veränderung der Darsteller zuständig, ist er Visagist und Friseur zugleich. Er trägt nicht nur das Make-up, also die Schminke, auf, legt und frisiert die Haare, sondern fertigt auch Gipsabdrücke an, knüpft Bärte, Haarteile und Perücken, modelliert Gesichts- und Körperteile, stellt hauchdünne Glatzen aus flüssigem Kunststoff her und schminkt mit Hilfe von Collodium, Latexteilen und Kunstblut Narben und Wunden. Sind Masken im engeren Sinne, also vor dem Gesicht getragene Gebilde aus Holz, Leder, Tuch oder Kunststoff gefragt, wie zum Beispiel Tiermasken, stellt er auch diese her, falls sich nicht ein anderer Spezialist wie etwa ein Kostümplastiker darum zu kümmern hat.

Mastix

Um Latex- und Haarteile wie Glatzen, warzige Nasen, spitze Ohren, Koteletten oder Bärte haltbar auf der Haut zu befestigen, verwenden Maskenbildner diesen kosmetischen Hautkleber, der aus dem Harz eines bestimmten Pistazienbaums (*Pistacia lentiscus*) hergestellt wird. Mastix fand schon in der Bibel Erwähnung als wertvolles Erzeugnis und wird heute unter anderem auf der Insel Chios in der nördlichen Ägäis gewonnen. Entfernt wird der gut verträgliche Kleber mit einem Lösemittel, es gibt aber auch wasserlöslichen Mastix.

Matinee

Während man im deutschsprachigen Raum als Matinee eine vormittags stattfindende künstlerische Darbietung wie etwa ein Konzert, eine Rezitation, eine Lesung oder auch eine Stückeinführung vor der Premiere bezeichnet, nennt man im angloamerikanischen Raum eine reguläre Nachmittagsvorstellung etwa um 14 oder 15 Uhr *matinee*. Und obschon das französische Wort *matinée* Vormittag bedeutet, beginnt auch an französischen Theatern die *matinée* um 15 oder sogar erst um 17 Uhr.

Mikroport

Im Musical längst üblich, findet diese elektronische Stimmstütze auch im Sprechtheater immer mehr Verbreitung. Das winzige, hochsensible Funkmikrofon wird auf die Wangen oder die Stirn des Schauspielers geklebt und durch ein Kabel mit einem am Körper befestigten oder in den Kostümtaschen platzierten Hochfrequenzsender verbunden. Die Stimme des Darstellers wird – als künstlerisches Mittel gelegentlich bewusst verfremdet – durch Lautsprecher verstärkt, wobei es nur technisch gut ausgestatteten Bühnen gelingt, Letztere so zu positionieren, dass der Zuschauer den Schall tatsächlich aus der Richtung des Sprechers oder Sängers wahrnimmt. Der zunehmende Einsatz von Mikroports stößt auch auf Kritik; 2014 sprach der Berliner *Tagesspiegel* gar vom »Terror der Intimität«, da die verstärkten Stimmen nichts mehr von der Tiefe des Bühnenraumes vermittelten: »Alle kommen mit gleicher Dynamik aus dem gleichen Lautsprecher, unterschiedslos, nivellierend. Ein Theater, das freiwillig auf eine entscheidende Dimension verzichtet, sich flach macht, verflacht.«

Mindestgage
Sie ist das zwischen dem Deutschen Bühnenverein und der Genossenschaft Deutscher Bühnen-Angehöriger ausgehandelte Minimum, das fest angestellte Solisten, Regisseure, Bühnenbildner, Dramaturgen, Regie- und Bühnenbildassistenten erhalten müssen. In der Spielzeit 2014/15 liegt dieses Mindestgehalt bei 1740 Euro brutto monatlich, die Durchschnittsgage der Schauspieler bei rund 2500 Euro pro Monat. In der Schweiz verhandeln der Schweizerische Bühnenverband und der Schweizerische Bühnenkünstlerverband die Mindestgagen für jedes Verbandstheater einzeln; 2014/15 beläuft sich etwa die Minimalgage am Luzerner Theater auf 3500 Schweizer Franken, am Opernhaus Zürich hingegen auf 4050 Schweizer Franken. In Österreich kennt man unterschiedliche Kollektivverträge und Tarifvereinbarungen. So beträgt beispielsweise der vom Theatererhalterverband österreichischer Bundesländer und Städte und dem Österreichischen Gewerkschaftsbund vereinbarte Mindestsatz für Solisten in Tirol, Salzburg, Kärnten, Oberösterreich und Niederösterreich seit 1. März 2013 1665,25 Euro. Mit dem Wiener Bühnenverein hat sich der Österreichische Gewerkschaftsbund hingegen auf eine seit 1. Juli 2013 gültige Solisten-Mindestgage in Höhe von 1753,72 Euro geeinigt.

Mittelpunktspieler
nennt man jene Darsteller einer Bühne, die fast ausschließlich zentrale Rollen spielen und durch ihr Können und ihre besondere Präsenz zum Kraftzentrum einer Aufführung werden – dabei aber manchmal weniger dem ausgewogenen Ensemblespiel und der Gesamtkonzeption der Inszenierung verpflichtet sind, als auf ihre persönliche Wirkung bedacht.

Möbler ➤ Tapezierer

Molton
Ein weiches, beidseitig gerautes, blickdichtes Baumwollgewebe, aus dem beispielsweise Abdeckfahnen bestehen und das sich gut zur Auskleidung des Bühnenraums eignet. Am Theater wird fast ausschließlich schwarzer, mindestens 250 g/m² schwerer und gegen Entflammbarkeit imprägnierter Molton verwendet, der üblicherweise in Köperbindung gewebt wurde (die man, im Gegensatz zur Leinwandbindung, am schräg verlaufenden Grat erkennt). Dank der Oberflächenrauung

reflektiert er kein Licht, zudem dämmt er – vor allem in schwerer Stoffqualität – den Schall.

Montur ➤ Perücke

Moving Lights
Man unterscheidet grundsätzlich zwei Typen dieser computergesteuerten Scheinwerfer, deren Lichtkegel verschieden positioniert werden können. Moving Heads, auch kopfbewegte Scheinwerfer und im Jargon »Wackler« genannt, sind um alle Achsen drehbar und mit Farbwechslern sowie Gobos ausgestattet; ihr Lichtausschnitt lässt sich mit Shuttern regulieren. Im Gegensatz dazu bewegt sich bei Scannern das Leuchtmittel nicht, sondern der Lichtstrahl wird durch einen beweglichen Spiegel abgelenkt, was gegenüber den Moving Heads einen Lichtverlust mit sich bringt, aber schnellere Bewegungen ermöglicht.

Nacheinlass ➤ Einlass

Nestroy
Seit 2000 wird dieser wichtigste österreichische Theaterpreis, benannt nach dem Dichter Johann Nepomuk Nestroy, in anfangs zehn, heute zwölf Kategorien verliehen, in Nachfolge der von 1958–1999 von der Stadt Wien vergebenen Kainz-Medaille und des 1976–1999 von der Stadt Wien verliehenen Johann-Nestroy-Rings. Neben Theaterschaffenden österreichischer Bühnen in Aufführungen der zurückliegenden Spielzeit wird auch die beste Aufführung aus dem deutschsprachigen Raum prämiert. In den ersten Jahren wählte die »Akademie«, der alle jemals für die Kainz-Medaille oder den Nestroy Nominierten und die mit dem Johann-Nestroy-Ring Ausgezeichneten angehören, die Preisträger aus den von einer Jury Nominierten aus. Seit 2012 entscheidet die Jury über die unter Mitwirkung der Akademie nominierten Preisträger.

Nichtverlängerung
Ein mindestens für eine Spielzeit abgeschlossener Normalvertrag verlängert sich automatisch zu denselben Bedingungen um eine weitere Saison, wenn nicht eine Vertragspartei der anderen schriftlich mitteilt, dass sie nicht beabsichtigt, den Arbeitsvertrag zu verlängern. Diese Nichtverlängerungsmitteilung muss bis zum 31. Oktober der Spielzeit

erfolgen, mit deren Ablauf der Vertrag endet, besteht das Arbeitsverhältnis am Ende jener Saison mehr als acht Spielzeiten, bis zum 31. Juli der vorangehenden. Bevor der Arbeitgeber eine Nichtverlängerungsmitteilung ausspricht, muss er das Mitglied innerhalb einer festgelegten Frist zu einer Anhörung laden. Nach mehr als fünfzehn Jahren ununterbrochener Beschäftigung kann der Arbeitgeber eine Nichtverlängerungsmitteilung nur aussprechen, um das Arbeitsverhältnis unter anderen Vertragsbedingungen fortzusetzen, d. h., der Schauspieler ist zwar unkündbar, kann aber ein bis zu einem Drittel geringeres Entgelt erhalten oder beispielsweise als Inspizient beschäftigt werden. Wird die Nichtverlängerung in Folge eines Intendantenwechsels oder in der auf den Wechsel folgenden ersten Spielzeit ausgesprochen, erhält das Mitglied, falls es innerhalb von drei Monaten kein anderes volles Engagement erhalten hat, eine Abfindung. Diese beträgt nach einer Beschäftigungsdauer von vier Jahren drei Monatsgagen, nach 12 Jahren sechs Monatsgagen.

In Österreich muss gemäß Paragraf 27 des Theaterarbeitsgesetzes die Mitteilung einer Nichtverlängerung schriftlich bis zum 31. Januar des Jahres, in dem das Arbeitsverhältnis endet, erfolgen; eine Vorverlegung dieses Termins für schon länger Beschäftigte ist durch die unterschiedlichen Tarifverträge vereinbart worden. In der Schweiz regelt Artikel 29 des GAV Solo die Nichtverlängerung. Sie muss schriftlich bis 31. Oktober erklärt werden, im ersten Vertragsjahr bis 31. Januar, bei mindestens fünfjähriger Beschäftigung schon bis 30. Juni und bei mindestens zehnjähriger Beschäftigung sogar bis 31. Oktober der vorangehenden Spielzeit.

Normalvertrag

Der 2002 abgeschlossene und 2003 in Kraft getretene Normalvertrag (NV) Bühne ist ein Tarifvertrag zwischen dem Deutschen Bühnenverein und der Genossenschaft Deutscher Bühnen-Angehöriger. Er vereinigt den ehemaligen NV Solo (für Solokünstler, dazu gehören außer den Solisten u. a. Operndirektoren, Schauspieldirektoren, Ballettdirektoren, Dramaturgen, Disponenten, Ausstattungsleiter, Inspizienten, Souffleure, Repetitoren), den NV Chor/Tanz (für Opernchor- und Tanzgruppenmitglieder), den Bühnentechnikertarifvertrag BTT (für technische Angestellte mit künstlerischer oder überwiegend künstlerischer Tätigkeit wie Technische Direktoren und Technische Leiter, Vorstände der Malsäle, Leiter der Ausstattungswerkstätten und

Leiter des Beleuchtungswesens) und den Bühnentechnikertarifvertrag Landesbühne BTTL (für technische Angestellte mit künstlerischer oder überwiegend künstlerischer Tätigkeit an Landesbühnen). Für die nichtkünstlerisch Beschäftigten an öffentlichen Theatern gelten die Tarifverträge des öffentlichen Dienstes.

Note Session ➤ Kritik

Nudelbrett
Anders als das gleichnamige Holzbrett, auf dem Nudelteig ausgerollt wird, muss es nicht mit Mehl bestäubt werden: Nudelbrett nennt man im Bühnenjargon eine nur wenige Meter breite und tiefe Bühne, die zum Beispiel für Kabarettabende oder Chansonprogramme verwendet wird.

Nullerprobe ➤ AMA

Nullgasse
Der erste seitliche Auf- und Abgang hinter der Portalöffnung heißt Vorhang- oder Nullgasse. In ihr hängen der Eiserne Vorhang sowie der Hauptvorhang und der Decker.

NV ➤ Normalvertrag

OA ➤ Proben

Obermaschinerie ➤ Bühnentechnik

Oberspielleiter ➤ Regisseur

Olymp ➤ Zuschauerraum

Opera
Dieser Prospekt bzw. Rundhorizont aus unterschiedlich transparentem, faltenfrei gespanntem Kunststoff wird von hinten durch farbige Flächenleuchten, meist Leuchtstoffröhren oder LEDs, angestrahlt und ermöglicht so spezielle Licht- und Raumeffekte. Die aus nahtlos verschweißten Bahnen bestehende Folie kann aber selbstverständlich nicht nur für Rück-, sondern auch für Aufprojektionen verwendet

werden. Bei dem allgemein verwendeten Begriff Opera handelt es sich um das eingetragene Warenzeichen des deutschen Herstellers Gerriets.

Operndirektor

Der künstlerische Leiter des Musiktheaters an einem Mehrspartenhaus – das kann der Generalmusikdirektor sein, ein Regisseur, ein Dramaturg oder der Künstlerische Betriebsdirektor – führt oftmals den Titel eines Operndirektors. Gemeinsam mit dem Intendanten, dem er unterstellt ist, entwickelt er den Spielplan, entscheidet über Engagements und trägt die Verantwortung für sämtliche Produktionen seiner Sparte.

Orchester

Das griechische Wort *orchestra* bezeichnete im antiken Theater den halbrunden Tanzplatz des Chores, der sich vor der Bühne befand – ähnlich also wie der im Vergleich tieferliegende Orchestergraben, in dem das Instrumentalensemble spielt, welches wir heute als Orchester bezeichnen. Es setzt sich aus Streichern (1. und 2. Violinen, Bratschen, Celli, Kontrabässen), Holzbläsern (Flöten, Oboen, Klarinetten, Fagotten), Blechbläsern (Hörnern, Trompeten, Posaunen, Tuben) und den Schlaginstrumenten zusammen, hinzu kommen die Harfen sowie je nach Bedarf noch Sonderinstrumente wie etwa ein Cembalo. Die Musiker, die in einer Gruppe die erste Stimme (und meist auch die Soli) spielen, nennt man Stimmführer, derjenige der 1. Violinen ist zugleich Konzertmeister und damit der oberste Musiker des Orchesters, das freilich vom Dirigenten geleitet wird. Die Dienste der einzelnen Stimmgruppen teilt der jeweilige Diensteinteiler ein, der dieser Gruppe selbst als Musiker angehört und juristisch ein Erfüllungsgehilfe des Arbeitgebers ist. Die Interessen aller Orchestermusiker vertritt ein von ihnen gewähltes Gremium, der Orchestervorstand. Herausragenden und verdienten Musikern können – vom Land oder der Stadt – die Ehrentitel Kammermusiker und Kammervirtuose verliehen werden.

Die Arbeitsbedingungen der Musiker von etwa 80 deutschen Theaterorchestern regelt der 2009 vom Deutschen Bühnenverein auf Arbeitgeberseite und der Deutschen Orchestervereinigung (DOV) auf Arbeitnehmerseite abgeschlossene Tarifvertrag für die Musiker in Kulturorchestern (TVK). Sie dürfen nach § 12 in einer Kalenderwoche zu maximal zehn Spieldiensten herangezogen werden, dazu gehören Aufführungen, Proben und Medienproduktionen. Orchesteralleinproben dürfen bis zu zweieinhalb Stunden, Bühnenorchesterproben nicht länger als drei Stunden dauern (überschreitet eine BO diese Dauer, zählt sie als zwei Dienste), lediglich die letzten drei Proben vor der Premiere sind in ihrer Dauer nicht begrenzt, die vierte Probe vor der Premiere darf bis zu vier Stunden betragen. Auch die letzte Probe vor einer Wiederaufnahme darf zeitlich unbegrenzt durchgeführt werden. Überschreitet die reine Spieldauer einer Vorstellung dreieinviertel Stunden, wird diese als zwei Dienste gezählt.

Der TVK teilt in § 17 die Orchester nach der Mindestzahl ihrer Planstellen in die Vergütungsgruppen A bis D ein: Die Unterschiede zwischen den Vergütungsgruppen D (dazu gehören Orchester mit weniger als 56 Planstellen wie etwa das des Theaters für Niedersachsen in Hildesheim) bis B (mit mindestens 66 Planstellen, also beispielsweise das Orchester des Landestheaters Detmold) sind vergleichsweise gering. Deutlich besser bezahlt wird, wer in einem A-Orchester mit mindestens 99 Planstellen spielt; hinzu kommt mitunter noch eine sogenannte Fußnotenzulage: Musiker des Staatsorchesters Stuttgart beispielsweise erhalten eine »Vergütung nach Vergütungsgruppe A zzgl. Zulage nach Fußnote 1«. Dagegen ist die von Bühnenangehörigen verwendete Bezeichnung »A-Theater« wie auch »Bundesliga-Theater« keine offizielle Klassifizierung, sondern folgt einer subjektiven Einschätzung.

Orchesteralleinprobe ➤ Proben

Orchestergraben
Die Vertiefung zwischen Bühne und Zuschauerraum, in der das vom Kapellmeister dirigierte Orchester in einer bestimmten, historisch erwachsenen Anordnung sitzt, kann an vielen Theatern teilweise oder komplett in der Höhe verstellt und mitunter auf das Niveau des Zuschauerraums hochgefahren bzw. überdeckt werden, um bei Sprechtheateraufführungen Platz für Zuschauersitze zu bieten. Je nach Größe des Theaters bzw. des Orchesters finden im Orchestergraben zwischen 40 und 120 Musiker Platz.

Orchesterplätze ➤ Zuschauerraum

Orchestersitzprobe
Bei dieser nicht vom Regisseur, sondern vom Dirigenten geleiteten Musiktheater-Probe, die auf Probenplänen OSP abgekürzt wird und

im Orchestersaal stattfindet, treffen Sänger und Orchester erstmals zusammen. Man nennt sie Sitzprobe, da die Solisten nicht agieren, sondern wie die Musiker sitzend und mit den Noten in der Hand ihre Partie singen. Insbesondere für den Chor gibt es auch sogenannte Klaviersitzproben ohne Orchester. Ebenfalls nur vom Korrepetitor am Klavier begleitet werden fast alle szenischen Proben, nimmt das Orchester daran teil, spricht man von Bühnenorchesterproben.

Orchestervorstand ➤ Orchester

Orchesterwart
Er ist verantwortlich für alle Auf-, Um- und Abbauarbeiten der Podeste, Stühle und Notenständer sowie das Funktionieren der Pultleuchten und hat die rechtzeitige Anwesenheit der Musiker zu kontrollieren. Zudem plant und organisiert er die notwendigen Instrumententransporte sowohl innerhalb des Theaters, also zwischen Orchestersaal und Orchestergraben, als auch auf Gastspielen. Auch die Bestellung und Einweisung von Aushilfen gehört zu seinen Aufgaben. Nicht zuletzt ist er für die fachgerechte Lagerung und Wartung der Instrumente und die Verwaltung des Notenmaterials zuständig, das er ausgibt und dessen Vollständigkeit er nach der Rückgabe überprüfen muss.

OSP ➤ Orchestersitzprobe

Outrieren
nennt man, abgeleitet vom französischen *outrer* = übertreiben, die unangemessene Darstellung durch übertriebenes Spiel. Outrieren kann durch darstellerisches Unvermögen entstehen oder durch das Bemühen eines Schauspielers, einer kleinen Rolle mehr Bedeutung zu geben. Es kann gelegentlich aber auch ein bewusst eingesetztes Stilmittel innerhalb eines Inszenierungskonzeptes sein. Gemeinhin gilt Outrage zwar als Schimpfwort, gekonntes, lustvoll-komödiantisches Outrieren wird jedoch insbesondere in Komödien und Schwänken vom Publikum wegen seiner komischen Wirkung durchaus geschätzt.

In Wien verleiht die »Akademie der outrierenden Künste« seit 1994 jährlich den »Bronzenen Pinter« für die »dezenteste Menschendarstellung«. Dass mitunter Schauspielerinnen und Schauspieler für dieselbe Rolle zugleich auch für den seriösen Nestroy nominiert waren, zeigt, wie subjektiv es ist, ob man bei der profilierten Gestaltung einer Rolle von Outrage spricht. Für ihr »Lebenswerk« wurden bislang u.a. Harald Serafin, Susi Nicoletti und Gunther Philipp geehrt.

Zwar bedeutet das französische *outrer son jeu* seine Rolle übertreiben, *outrage* ist im Französischen jedoch kein Theaterterminus, sondern meint Beleidigung oder Kränkung, ebenso wie das englische *outrage* (Skandal, Freveltat, Gewalttat, Empörung, Ärgernis).

Overacting

Die Bewertung dessen, was »natürliches« Spiel ist, ist nicht nur subjektiv und abhängig vom Spiel der anderen Akteure einer Aufführung, sondern sie unterliegt auch dem historischen Wandel und nicht zuletzt den räumlichen Gegebenheiten der jeweiligen Bühne: Wird der Schauspieler eines Kellertheaters vom Regisseur kritisiert, er spiele für Hersfeld (die Freilichtbühne der Bad Hersfelder Festspiele in der Stiftsruine ist 1400 m^2 groß), will ihn dieser wohl auf einen Fall von Overacting, also unnötiger und unangemessener Übertreibung aufmerksam machen. Der übertriebene Einsatz darstellerischer Mittel kann aber auch bewusst zur Charakterisierung eingesetzt werden, beispielsweise bei der Gestaltung exzentrischer oder monströser Figuren. Im Englischen bezeichnet man einen – unbegabten – Schauspieler, der übertreibt, als *ham*, also Schinken, bei uns belegt man besonders wirkungsorientierte Mimen mit dem negativen Ausdruck »Rampensau«.

PAR

Auch wer noch nie im Theater war, kennt ihn wahrscheinlich von Konzerten oder Events als in ganzen Batterien eingesetzten Effekt-Scheinwerfer: Der *parabolic aluminized reflector*, kurz PAR, wird für die flächige Ausleuchtung eines Bühnenbereichs oder für Gegenlicht verwendet, es gibt aber auch Parabolscheinwerfer mit engem Abstrahlwinkel, die als Punktstrahler dienen können. Diese linsenlosen Scheinwerfer sind die einfachsten und damit auch billigsten der im Theater gebräuchlichen und bestehen aus runden, sehr leichten, hitzebeständigen Aluminiumgehäusen in unterschiedlicher Größe, den »Kannen«, in denen weder schwenk- noch neigbare, aber in der Längsachse drehbare Leuchtmittel mit unterschiedlich breiter Abstrahlung sitzen – das können Glaskolbenlampen sein, Halogen-Stiftsockellampen, die in Aluminium-Reflektoren eingesetzt werden, oder auch LEDs. An der Vorderseite befinden sich Halterungen für Blenden und Gelatine.

Parkett ➤ Zuschauerraum

Parterre ➤ Zuschauerraum

Partie

Im Musik- wie im Tanztheater bezeichnet man die Rolle eines Sängers oder eines Tänzers als Partie (vom französischen *partie* = Teil).

Pause

»Jetzt kommt eine Pause. / Manche gehen nach Hause, / manche trinken Brause, / das ist der Zweck der Pause.« Kann man die Pause besser beschreiben als Georg Kreisler in seinem OPERNBOOGIE? In der fünfzehn- bis zwanzigminütigen Pause, die idealerweise nach gut der Hälfte oder knapp zwei Dritteln der gesamten Vorstellungsdauer stattfindet, verlassen fast alle Besucher den Zuschauerraum, um sich die Beine im Foyer oder in den Wandelhallen zu vertreten, Erfrischungen zu sich zu nehmen, im Freien zu rauchen, die Toiletten aufzusuchen – und natürlich das Gesehene zu diskutieren: »Wie schön ist es, in einen Käse zu beißen / und gleichzeitig Opern zu verreißen! / Der Dirigent ist fürchterlich, / so viel Talent, das hab auch ich. / Was reden Sie da? Sie sind nicht gescheit! / Wie finden Sie mein neues Kleid?«

Daneben kennt man kürzere Umbaupausen zwischen zwei Akten, zu denen ebenfalls der Vorhang fällt, während derer das Saallicht aber nur schwach leuchtet und die Zuschauer auf ihren Plätzen bleiben. Ist alles umgebaut, hebt sich der Vorhang wieder – daher rührt das Synonym Aufzug für Akt.

PC

Im Gehäuse von Plan-Konvex-Scheinwerfern, kurz PCs genannt, ist eine Plan-Konvex-Linse eingebaut, die, je nach Position, das vom Reflektor kommende Licht einer Halogenlampe bündelt oder streut. Der Lichtkegel lässt sich so recht scharf ziehen und zudem durch Torblenden begrenzen.

Perücke

Maskenbildner stellen sie in aufwendiger, bis zu 40 Stunden dauernder Handarbeit her, wobei man unterscheidet, wie die Haare am Unterbau, der sogenannten Montur, befestigt werden. Oft wird jedes Haar einzeln in ein Netz oder zusammengenähte Tüllstücke eingeknüpft, es gibt aber auch Perücken, die aus Tressen – dünnen Schnüren, auf die die Haare maschinell genäht worden sind – gefertigt werden, oder solche, bei denen der Bereich des Haarwirbels oder des Scheitels mit Monofilament – einem sehr feinen, hautähnlichen Gewebe – versehen ist, in den jedes Haar in Handarbeit eingeknüpft wird, während der Rest der Perücke tressiert ist.

Für Theaterperücken verwendet man zwar auch Kunsthaar oder das Bauchhaar des Büffels, vor allem aber Menschenhaar, das fast ausschließlich aus Asien importiert wird; indisches Haar, das über traditionelle hinduistische Opferrituale gewonnen wird, ist wegen seiner Struktur besonders gut zu frisieren, chinesisches Haar leichter zu entfärben. Zur Maßanfertigung der Perücke dienen Perückenköpfe aus Holz, in Österreich Haubenstöcke genannt, oder aus Gips gegossene Modelle, die die Kopfform der Darsteller exakt abbilden. Bevor der Maskenbildner einer Darstellerin eine Perücke aufsetzt, »schneckelt« er ihre Haare, d.h., er nimmt einzelne Strähnen, dreht sie zusammen und befestigt sie mit Haarklemmen am Kopf, setzt ein dünnes Tuch und darüber die Perücke auf. Diese muss nach Gebrauch wie normales Haar behandelt werden: gewaschen, gekämmt und onduliert.

Pfeifen ➤ Aberglaube

Plafond

Das französische Wort *plafond* bezeichnet die Zimmerdecke und meint auch beim Bühnenbild ein horizontal oder schräg zum Bühnenboden an Zügen hängendes Bauteil, das den Raum nach oben abschließt. Bei einer Guckkastenbühne entsteht durch Rückwand, Seitenwände und Plafond der Eindruck eines geschlossenen Raums, dessen fiktive vierte Wand, durch die das Publikum das Bühnengeschehen betrachtet, sich parallel zur Rampe befindet.

Übrigens führte Denis Diderot das Konzept einer »vierten Wand«, gemäß dem die Darsteller so agieren, als wären sie ohne Zuschauer, und das zu den programmatischen Ideen des naturalistischen Theaters gehörte, bereits 1758 ein: »Man stelle sich an dem äußersten Rande der Bühne eine große Mauer vor, durch die das Parterre abgesondert wird. Man spiele, als ob der Vorhang nicht aufgezogen würde.«

Auch die oft bemalte und stuckverzierte Decke des Zuschauerraums, von deren Mitte an vielen Theatern ein Kronleuchter herabhängt, nennt man Plafond. Darüber liegt im Dachboden des Theaters ein Raum, der häufig als Lager für Requisiten, als Probebühne oder – wie bis 1993 der Lusterboden des Burgtheaters – als Spielstätte genutzt wird.

Platzanweiser ➤ Schließer

Podest

Bühnenpraktikabel bestehen aus mit Scharnieren verbundenen hölzernen Rahmen, auf die oben eine begehbare Bühnenpodestplatte, die sogenannte Eindecktafel, gelegt wird. Neben diesen schon seit Jahrhunderten verwendeten zusammenklappbaren Holzgestellen benutzt man heutzutage vor allem Podeste, die aus einer Aluminiumzarge mit aufgelegter Holzplatte bestehen. Man unterscheidet sie in Steckfußpodeste, deren Höhe man durch Austausch der Aluminiumfüße verändern kann, Teleskopfußpodeste, deren Füße in der Höhe nach einer vorgegebenen Rasterung oder stufenlos variiert werden können, und Scherenfußpodeste, bei denen ein stabiler Scherenbeschlag aus Aluminium zur Höhenverstellung dient. Die Grundflächenmaße betragen üblicherweise 0,5 × 1, 0,5 × 2, 1 × 1, 1 × 1,5 oder 1 × 2 Meter, es gibt aber auch breitere und längere Podeste. Die Höhe sowohl der Praktikabel wie auch der anderen Podeste ist durch die genormten Stufen von Theatertreppen vorgegeben: Die – optisch elegantere – Stufenhöhe von 16⅔ cm ergibt 33⅓, 50, 66⅔, 83⅓ und 100 cm hohe Podeste, eine andere gebräuchliche Abstufung erfolgt in Schritten zu 20 cm. Im täglichen Gebrauch spricht man von 50er- oder 60er-Füßen, obschon sie nicht diese Länge haben, aber in die Zarge eingeschraubt gemeinsam mit der Podestplatte eine entsprechende Podesthöhe ergeben.

Pointe

(vom französischen *pointe* = Spitze) nennt man zwar mitunter auch die überraschende Wendung einer dramatischen Handlung, gemeinhin aber den komischen Schlusseffekt eines Witzes oder – beim Theater – einer Replik. Ein Schauspieler sollte eine Pointe möglichst gut »setzen«, sich aber nicht »auf die Pointe setzen«, wie es im Theaterjargon heißt, sie also nicht mit drastischen darstellerischen Mitteln vorbereiten, präsentieren und danach womöglich noch kommentieren. Er würde so nämlich in den meisten Fällen weniger »Pointen landen«, also beim Publikum die gewünschten Lacher erzielen, als ein Kollege, der die Pointen sicher und im Timing präzise »aus der Hüfte serviert« oder scheinbar beiläufig »fallen lässt«.

Polsterer ➤ Tapezierer

Portal

nennt man den Rahmen, der die Bühne – in diesem Fall eine Guckkastenbühne – umgibt, also die Öffnung des Bühnenraums zum Zuschauerraum hin; auf Italienisch heißt das Portal denn auch *boccascena*, »Bühnenmund«. Es bestand traditionell aus seitlichen Portalwänden, die fest mit den Seitenwänden des Zuschauerraums verbunden und mit aufwendig gestalteten Säulen verziert waren, und einer diese überbrückenden oberen Portalquerwand. Bei modernen Portalen kann mittels verschiebbarer Seitenblenden (meist begehbaren Türmen) die Breite reduziert werden; ist der Architrav, die obere Portalquerwand, ausziehbar und in der Höhe verstellbar, auch die Höhe. So lassen sich in Baden-Baden die Portalbreite des Theaters von 10 auf 8 Meter verengen und die Portalhöhe zwischen 3,6 und 5,5 Meter variieren; das Portal des Festspielhauses kann zwischen 14 und 21,5 Meter breit und 5 bis 10 Meter hoch sein.

Vor dem Portal liegt das Proszenium, auf der Innenseite dient die über die ganze Bühnenbreite laufende Beleuchterbrücke als Arbeitsgalerie für die Beleuchter sowie natürlich zum Befestigen von Scheinwerfern; im rechten Winkel zu ihr laufen zwei Beleuchtungsbrücken auf halber Höhe an den Seitenwänden der Bühne entlang.

Präsenz

»Es gibt Menschen auf der Bühne, da schauen Sie hin, und es gibt Menschen, da schauen Sie nicht hin«, beschrieb der Regisseur Dieter Dorn dieses Phänomen, das jeder Theaterbesucher kennt. Wissenschaftlich mit der Präsenz des Schauspielers beschäftigt hat sich Veit Güssow: Das Präsenzerleben entstehe innerhalb einer autopoietischen Feedback-Schleife, über die Zuschauer und Schauspieler beständig miteinander und untereinander verbunden seien, welche sich in konstantem Bezug aufeinander verändern, wobei der Darsteller die Möglichkeit habe, diese Feedback-Schleife zu überprüfen und zu modifizieren. Der Rhythmus der Inszenierung müsse in der Aufführung an einem von Zuschauern und Darstellern gemeinsam empfundenen Rhythmus ausgerichtet werden, der Schauspieler – dessen »energieverschwenderische Körperlichkeit« im Prozess des Spielens für die Erzeugung von Präsenz entscheidend sei – in jedem einzelnen Moment seine Anwesenheit im Raum kontrollieren und seine Aufmerksamkeit auf denselben Moment konzentrieren, zudem müsse diese in der realen Aufführungssituation verankert sein.

Premiere

Die erste Vorstellung einer Inszenierung überhaupt oder an einem bestimmten Spielort heißt nach dem französischen *la première* »die erste«, auch wenn ihr bereits öffentliche Voraufführungen vorausgegangen sein mögen. Zudem verteilen immer mehr Bühnen wegen der großen Nachfrage das Premierenpublikum auf zwei Vorstellungen, wobei sich die Zuschauer der zweiten, die nicht etwa *Deuxième*, sondern B-Premiere genannt wird, möglicherweise als B-Besucher fühlen. Bislang sind immerhin noch keine Bühnen bekannt, die sämtliche Vorstellungen einer Inszenierung als Premiere bezeichnen, womit dann eine Inszenierung nicht mehr mit der Dernière, sondern mit der P- oder U-Premiere abgespielt wäre.

Vor der Premiere überreichen sich jene Mitwirkenden, die am Ende der Probenzeit noch nicht Feinde fürs Leben geworden sind, mit einer persönlichen Widmung und dem Dank für die Zusammenarbeit versehene Karten sowie kleine Premierengeschenke, die einen mehr oder weniger originellen Bezug zum Stück aufweisen; viele stellen Nahrhaftes für alle in den Aufenthaltsraum wie zum Beispiel Schaummäuse zu Gerhart Hautpmanns RATTEN oder selbst zubereitetes Falafel zu Roland Schimmelpfennings ARABISCHER NACHT. Unerlässlich ist, einander Toitoitoi zu wünschen. Nach der Premiere findet, auch wenn es keinen Grund zum Feiern geben sollte, weil die ambitionierte Inszenierung von Schillers FIESCO ein Fiasko war oder wieder einmal deutlich wurde, warum Hebbels NIBELUNGEN unter Bühnenkünstlern als die »Niegelungen« berüchtigt sind, die Premierenfeier statt.

Premierenfeier

Ist das Publikum geladen, begrüßt es die abgeschminkten und umgezogenen Darsteller beim Hereinkommen mit Applaus. Oft hält der Intendant eine launige oder feierliche, stets viel zu lange Rede, in der er die einzelnen Mitwirkenden hereinbittet, ihnen für ihre Leistung dankt (»Wo im deutschen Sprachgebiet hat man je solch einen Feldjäger gesehen?«, heißt es da nach Lessings MINNA VON BARNHELM) und damit indirekt sein Haus und vor allem sich selbst lobt. Kritik ist am Premierenabend allenfalls wohldosiert angebracht, und wenn man nicht überschwänglich gratulieren will oder kann, wie es vor allem in Österreich Usus ist, sollte man zumindest ein höfliches »Gratuliere!« nuscheln. Nicht alle Künstler schätzen Kommentare wie Bernhard Minettis berühmtes »Na dann: Toitoitoi für nächstes Mal!«, das beliebte »Im Zuschauerraum war es furchtbar warm!« ist leicht als peinlicher Versuch zu entlarven, nichts über die Aufführung sagen zu müssen, und selbst im Taumel des Premierentrubels überhört nicht jeder die vernichtende Bedeutung einer scheinbar netten Bemerkung wie »Ich konnte mich dem Abend nicht immer ganz entziehen«. Nach einer Anstandszeit ziehen sich die Bühnenschaffenden dann an einen gemütlicheren Ort zurück, also vom Foyer in die Kantine oder in eine nahe gelegene Kneipe, um dort im engeren Kreis zu feiern und gegen Morgen tränenreich oder nur zu gerne Abschied von den in wenigen Stunden Abreisenden wie etwa der als Gast verpflichteten Bühnenbildnerin zu nehmen.

Presse- und Öffentlichkeitsarbeit ➤ Dramaturg

Primaballerina

Das italienische *ballare* bedeutet tanzen, Ballerinen sind also Tänzerinnen – Ballerinas hingegen weiche Schlüpfschuhe. Primaballerina nennt man im Ballett die an der Spitze der Kompagnie stehende Solistin. Die männliche Entsprechung lautet Meistertänzer.

Primadonna

Die »erste Dame«, so die wörtliche Übersetzung aus dem Italienischen, ist die wichtigste Sängerin eines Opernhauses, oft auch *Primadonna assoluta*, »absolut erste Dame«, genannt. Die analoge Bezeichnung *Primo uomo* für Herren wird kaum gebraucht, doch auch diese führen sich mitunter »primadonnenhaft«, also ausgesprochen selbstbezogen und kapriziös, auf.

Privattheater

Im Gegensatz zu Theatern in öffentlicher Trägerschaft wie den meisten Staatstheatern, Stadttheatern und Landesbühnen befindet es sich in privater Trägerschaft. Zwar zählen zu den Privattheatern auch die kommerziell produzierenden Boulevard- und Musicalbühnen, doch keineswegs alle Privattheater sind der Unterhaltung verpflichtet. So ist das über viele Jahre berühmteste deutsche Theater, die hochsubventionierte Schaubühne in Berlin, ein von ihrem Rechtsträger, der Schaubühne am Lehniner Platz Theaterbetriebs GmbH, in gewerblicher Form betriebenes Privattheater, der Berliner Friedrichstadt-Palast, der als »Europe's Show Palace« Revuen präsentiert, hingegen ein Staatstheater.

Probebühne

Die Probebühne weist im Idealfall mindestens ähnliche Maße wie die Bühne auf, deren Abmessungen auf dem Boden der Probebühne durch Klebeband gekennzeichnet sind. Nicht immer befindet sie sich im eigentlichen Theatergebäude, sondern oftmals in vom Theater angemieteten Räumlichkeiten wie ehemaligen Industrie- oder Militäranlagen. Auf ihr erarbeiten die Darsteller in einem markierten Bühnenbild die Inszenierung, angeleitet vom Regisseur, unterstützt vom Souffleur, dem Inspizienten und dem Regieassistenten und im Musiktheater begleitet vom Korrepetitor. Gelegentlich dienen Probebühnen auch als Interimsspielstätte oder werden für Studioaufführungen benutzt. Den Proberaum des Chores, der meist über ein ansteigendes Podest mit beweglichen Stühlen verfügt, nennt man Chorsaal, Orchesteralleinproben finden im Orchestersaal statt, das Ballett probt im Ballettsaal.

Proben

Die praktische Umsetzung eines Werkes, also die Erarbeitung szenischer Lösungen und deren Einstudierung für eine Aufführung, geschieht auf den Proben (englisch: *rehearsals*, französisch: *répétitions*). Im Sprechtheater beginnt der Probenprozess mit der Konzeptionsprobe, gefolgt von Leseproben, Stellproben, szenischen Proben bzw. Stückproben, welche den größten Teil der Probenzeit einnehmen, Abläufen und Durchläufen und schließlich den Endproben: der technischen Einrichtung, der Beleuchtungsprobe, der AMA, den Hauptproben und der Generalprobe. Die Proben im Musiktheater umfassen zudem getrennt durchgeführte Proben von Solisten, Chor, Ballett und Orchester (Orchesteralleinproben, abgekürzt: OA) sowie Orchestersitzproben und Bühnenorchesterproben.

Probenbremse

Darsteller, die durch ständiges Besserwissen, permanentes Infragestellen der bereits gefundenen szenischen Lösungen, besondere Wünsche und nicht zuletzt einen »Adlerblick für das Unwesentliche«, wie Fritz Kortner einmal formulierte, den Fortgang der Proben aufhalten, nennt man Probenbremsen. Doch auch Dramaturgen und umständliche Regisseure können sich als ausgesprochene Probenbremsen erweisen.

Probenkostüm
Wer in der Aufführung einen weitschwingenden Rock und Stöckelschuhe tragen soll, probt wohl ungern in Jeans und Sneakers, wer in seiner Rolle ständig einen Hut auf- und absetzt, muss sich das Hantieren damit zu eigen machen können, und wer später durch eine steife Uniform nur beengt agieren wird, tut sich schwer, die Körperlichkeit seiner Figur im ausgeleierten Jogginganzug zu finden. Deshalb erhalten die Darsteller für die Proben Kostümteile aus dem Fundus, die in ihrem Charakter den späteren Kostümen möglichst nahe kommen, nicht zuletzt entsprechende Probenschuhe.

Probenzeiten
Der Normalvertrag schreibt weder die maximale Wochenarbeitszeit von Solisten noch die Länge der einzelnen Proben fest, diese wird lediglich durch die vorgeschriebenen Ruhezeiten eingeschränkt. In welchem Zeitrahmen diese Proben stattfinden, ist durch die jeweilige Hausordnung des Theaters geregelt. Im Schauspiel probt man an den meisten Bühnen werktags von 10 bis 14 Uhr und zudem montags bis freitags von 18 oder 19 bis 22 Uhr (falls die Beteiligten nicht in der Vorstellung eines anderen Werkes mitwirken), erlaubt sind auch sogenannte Lange Proben. Haupt- und Generalproben sind zeitlich nicht beschränkt.

Profiler
Will man einen scharf begrenzten Lichtkegel erzeugen, ein Gobo projizieren oder einen bestimmten Bühnenausschnitt möglichst ohne Streulicht beleuchten, verwendet man einen Profil-Scheinwerfer, kurz »Profiler« genannt. Er kann auf die im Apparat liegende Abbildungsebene scharfgestellt, sein Lichtaustritt mit vier Shutter-Blechen oder einer Irisblende und zusätzlich mit Gobos präzise und exakt beschnitten werden. Sein optischer Aufbau mit Leuchtmittel, Kondensoroptik, einem Träger für das Projektionsobjekt und einem Projektionsobjektiv mit fester oder veränderlicher Brennweite (bei zwei verstellbaren Linsen spricht man von einem Zoom-Profilscheinwerfer) entspricht dem eines Diaprojektors.

Programmheft
Diese Broschüre informiert die Zuschauer über das Stück und seinen Hintergrund, die Inszenierung und die Beteiligten und liefert Assoziationsmaterial, also beispielsweise Gedichte, Romanauszüge, Essays, journalistische Texte und Illustrationen, die zur Thematik des Stückes oder der Interpretation des Regisseurs passen. Überdies werden Proben- oder Aufführungsfotos, Bühnenbildskizzen und Figurinen abgebildet. Das Programmheft kann, besonders wenn der Stücktext bzw. die gespielte Strichfassung abgedruckt wird, so umfangreich sein, dass es an manchen Häusern Programmbuch genannt wird. An prominenter Stelle, also auf den ersten Seiten oder in der leicht aufzuklappenden Mitte, wird die Besetzung aufgeführt, manchmal ein gesonderter Besetzungszettel eingelegt. Genannt werden stets der Titel des Werkes, dessen Autoren, Komponisten, Librettisten und Übersetzer, alle künstlerischen und weiteren leitenden Mitarbeiter der Aufführung sowie natürlich die Darsteller (links ist üblicherweise der Rollenname abgedruckt, rechts zugeordnet der des Künstlers), der Bühnenverlag, der die Rechte der Urheber vertritt, sowie das Datum der Premiere. Meist erfährt der Besucher auch die Dauer der Vorstellung und ob eine Pause stattfindet.

Prospekt
Der Bühnenprospekt ist ein glatter, früher fast immer entsprechend dem jeweiligen Schauplatz des Stückes bemalter Stoff, der in einem speziellen Zug hängt und die hintere Begrenzung des Bühnenraums bildet. Heute verwendet man dafür auch Operafolien. Der sogenannte Horizontprospekt oder Rundhorizont umschließt die Bühne in einem Halbkreis.

Prospektnäher ➤ Dekorateur

Prospektzug ➤ Zug

Proszenium
Im griechischen Theater war das *proskenion* der Platz vor dem *skene* genannten Bühnenhaus, ursprünglich einer am Rand der *orchestra* errichteten Hütte aus Holz, und somit der Ort, wo die Schauspieler auftraten. Heute bezeichnet man als Proszenium den zwischen Rampe und Portal gelegenen vordersten Teil der Bühne, also die Vorbühne.

Diese kann zwar bespielt, darf aber gewöhnlich aus feuerpolizeilichen Gründen nicht dekoriert werden. An manchen Theatern ist sie versenkbar und kann so in einen Orchestergraben verwandelt werden.

Proszeniumsloge ➤ Loge

Punkt
Ähnlich beliebt wie Betonierer sind bei vielen Schauspielern Regisseure, die ständig einfordern, dass »auf Punkt gesprochen«, also die Stimme am Ende eines Satzes oder Gedankens gesenkt wird.

Punktzug ➤ Zug

Rampenlicht
Einst mussten die Schauspieler, um gut sichtbar zu sein, möglichst nahe an die mit Kerzen und später mit Öllampen beleuchtete Rampe, also die vordere Abgrenzung der Bühne bzw. der Vorbühne zum Zuschauerraum, treten; die Redewendung »im Rampenlicht stehen« wird daher als Synonym für im Zentrum der Aufmerksamkeit oder der Öffentlichkeit stehen gebraucht. Heute verwendet man diese ein ungerichtetes Flutlicht erzeugenden Fußlichter eher selten, beispielsweise um eine Varieté-Atmosphäre zu erzeugen. Man benützt dafür meist Leuchtstofflampen; gebräuchlich sind sogenannte LHGL-Wannen in Form von vier aneinandergefügten Kammern für die Farben Weiß, Blau, Rot und Grün, die sich einzeln ansteuern und somit mischen lassen.

Rampensau
nennt man Schauspieler, die sich eitel und nur auf ihre eigene Wirkung bedacht in den Vordergrund drängen, also ins Rampenlicht. Sie versuchen hemmungslos, ihre Kollegen an die Wand zu spielen, untergraben so die Ensembleleistung und hätten den Applaus am liebsten für sich alleine. Gelegentlich wird der Begriff Rampensau auch im positiven Sinn für besonders leidenschaftliche, spielfreudige Darsteller verwendet. Wer hingegen »nicht über die Rampe kommt«, spielt nicht intensiv genug und findet keinen Kontakt mit dem Publikum.

Rang ➤ Zuschauerraum

Rechtsform
Der Rechtsträger eines Theaters, beispielsweise das Land (nicht aber der Bund), die Stadt oder mehrere Gemeinden, kann dessen Betrieb in rechtlich unselbständiger Form organisieren, zum Beispiel als in die städtische oder staatliche Verwaltung eingegliederten Regiebetrieb (wie die Bayerische Staatsoper München) oder als Eigenbetrieb (wie es die Münchner Kammerspiele gemeinsam mit dem Theater der Jugend und der Otto-Falckenberg-Schule sind), eine Rechtsform für öffentliche Theater, die seit den 1990er Jahren verbreitet ist, eine größere Selbständigkeit und ein kaufmännisches Geschäftsgebaren ermöglicht. Das als Eigenbetrieb geführte Theater ist ebenfalls keine eigene Rechtspersönlichkeit, sondern juristisch ein Teil des Rechtsträgers, also etwa der Stadt – bei ihr, und nicht beim Theater, sind die Beschäftigten angestellt, Dienstvorgesetzter ist der kommunale Verwaltungschef. Öffentlich-rechtliche Rechtsformen sind zudem – bei Theatern eher seltene – Zweckverbände (wie beim Landestheater Schwaben mit Sitz in Memmingen), Anstalten des öffentlichen Rechts (wie das Landestheater Württemberg-Hohenzollern Tübingen Reutlingen) oder öffentlich-rechtliche Stiftungen (wie beim Staatstheater Cottbus als Teil der Brandenburgischen Kulturstiftung Cottbus). Möglich ist aber auch die Organisationsform eines Theaters als rechtlich selbständiger Betrieb, zum Beispiel in der in Deutschland weit verbreiteten privatrechtlichen Rechtsform einer Gesellschaft mit beschränkter Haftung (wie in Hamburg die Staatsoper, das Deutsche Schauspielhaus und das Thalia-Theater) oder als privatrechtlicher eingetragener Verein (wie die Niederdeutsche Bühne Flensburg). Unabhängig von der Betriebsform ist das Theater ein öffentliches Theater, wenn der Rechtsträger unmittelbar oder mittelbar eine öffentliche Körperschaft ist.

In der deutschsprachigen Schweiz haben fast alle Bühnen private Rechtsträger, meist Aktiengesellschaften (wie das Opernhaus und das Schauspielhaus Zürich) oder Genossenschaften (wie das Theater Basel). In Österreich kennt man ähnliche Betriebsformen wie in Deutschland: Rechtsträger des Tiroler Landestheaters etwa sind das Land Tirol und die Stadt Innsbruck; die Bundestheater wurden 1999 in eine Holding umgewandelt, das Burgtheater und die Staatsoper haben seither die Betriebsform einer GmbH.

Regensieb ➤ Windmaschine

Regie ➤ Inszenierung

Regieassistent
Er ist die rechte und linke Hand des Regisseurs, erstellt in Absprache mit ihm den Probenplan, führt das Regiebuch und hält den Kontakt zu den verschiedenen Abteilungen, bestellt also beispielsweise die für die nächste Probe notwendigen Requisiten. Meist übernimmt er auch die Abendspielleitung. An Bühnen, die Mitglied im Deutschen Bühnenverein sind, werden fest angestellte Regieassistenten nach dem Normalvertrag Bühne beschäftigt und erhalten eine Mindestgage von derzeit 1740 Euro brutto.

Regiebetrieb
Etliche deutsche Theater in öffentlicher Hand werden vom Träger als Regiebetrieb geführt, das heißt, sie sind rechtlich unselbständig und in die öffentliche, zum Beispiel kommunale Verwaltung eingebunden. Regiebetriebe führen, anders als sogenannte Eigenbetriebe, keinen eigenen Stellenplan und besitzen kein eigenes Betriebsvermögen. Die Finanzplanung erfolgt im Rahmen des am kalendarischen Jahr und nicht an der Spielzeit orientierten Haushaltsplanes, das Rechnungswesen nach den Regeln der Kameralistik; alle Einnahmen fließen unmittelbar in den Haushalt des Trägers, die Ausgaben erfolgen zu dessen Lasten. Der Intendant darf nicht frei über die Etatmittel verfügen, es ist ihm also nicht möglich, Geld aus dem Bühnenbildetat einzusparen, um einen zusätzlichen Darsteller zu engagieren, oder in einer Spielzeit mehrere publikumswirksame Stücke anzusetzen, um mit den so erzielten Mehreinnahmen eine besonders aufwendige Produktion in der folgenden Saison zu ermöglichen. »Glaubt er«, klagte Gründgens schon 1950, »nach sparsamer Bewirtschaftung seiner Zuschussmittel, einmal etwas wagen zu können, was den Einsatz verdient, dann kommt bestimmt eine städtische Behörde, die über ›Sammelnachweis‹ bereits die aufgespeicherten Gelder verausgabt hat: Die städtische Bauverwaltung zum Beispiel hat eigenmächtig und ohne Befragung des Intendanten Reparaturen im Theater ausgeführt oder die Grundstücksverwaltung hat einen zusätzlichen Parkplatz erworben. Dieser Kampf mit dem Rechenstift gegen bürokratische Übergriffe absorbiert heute die Kraft der Theaterleiter fast vollständig. Den Schaden hat die Kunst, deren Unrentabilität dann die Behörde bescheinigt.« So sind in den letzten Jahrzehnten etliche Regiebetriebe in die Rechtsform der Gesellschaft

mit beschränkter Haftung überführt worden, die nicht in die öffentliche Verwaltung integriert ist und in personellen, finanziellen und organisatorischen Fragen eigenverantwortlich handeln kann.

Regiebuch

Im Regiebuch – dem »durchschossenen« Exemplar des Textbuchs, also einem, das zwischen den bedruckten Seiten Leerblätter für Notizen enthält – werden alle für die Inszenierung wichtigen Daten aufgezeichnet, insbesondere Textänderungen und Striche sowie äußerliche Vorgänge wie Auftritte, Abgänge, Stellungen und Gänge der Darsteller, zudem wichtige Regieanweisungen zur sprachlichen, mimischen und gestischen Gestaltung, Einsätze für Bühnentechnik, Musik und Beleuchtungsänderungen. Eine verbindliche Notationsweise existiert nicht, wohl aber hat sich beispielsweise etabliert, wie Striche festgehalten werden. Fast immer führt der Regieassistent das Regiebuch während der laufenden Probenarbeit, früher hingegen hatten viele Regisseure bereits vor Probenbeginn das fixiert, was Max Reinhardt seine »optischen und akustischen Visionen« nannte, und brachten zur ersten Probe sorgfältig eingerichtete Regiebücher mit. Das Regiebuch dient zunächst als Gedankenstütze während der Proben und später der Abendspielleitung als verlässliche Grundlage für Umbesetzungen und Wiederaufnahmen. Als offenbar typisch deutsche Errungenschaft, kennt man es auch im Englischen unter der Bezeichnung *regie book*, obschon dort meist nur das *prompt book*, das Buch des Inspizienten, von Belang ist.

Regiepult

Es wird für Bühnen- und vor allem Endproben in der Mitte des Zuschauerraums, meist zwischen der 6. und 10. Parkettreihe, aufgebaut und dient als Arbeitsplatz für den Regisseur und dessen engste Mitarbeiter, nicht zuletzt den Notizen machenden Regieassistenten. Die zwei bis drei Zuschauersitze breite Platte, die auch Regietisch genannt wird, ist nicht nur mit Tischlampen versehen, sondern auch mit einer Sprechanlage, über die man zum Beispiel mit dem Beleuchtungsmeister kommunizieren kann, die es aber auch erlaubt, mittels Lautsprechern verstärkte – Bühnengeschehen und Musik übertönende – Regieanweisungen zu geben.

Regiesitzung

An den meisten Theatern findet diese Arbeitsbesprechung, an welcher der Intendant, der Verwaltungsdirektor, der Disponent, die Leiter der einzelnen Sparten, der leitende Dramaturg, der musikalische Leiter, der Ausstattungsleiter und der Technische Direktor teilnehmen, wöchentlich oder zumindest vierzehntägig statt. Neben dem Informationsaustausch steht im Zentrum die Verabschiedung der Monats- und Wochendispositionen (also zum Beispiel der Zuteilung von Probebühnen, der Terminierung von Bauproben und Bühnenproben), die die Grundlage für die detaillierten Arbeits- und Dienstpläne bilden.

Regisseur

Früher hieß es, ein Regisseur habe gut gearbeitet, wenn die schlechten Darsteller weniger stören als sonst. Heute gilt er, zumindest im deutschsprachigen Raum, als der wichtigste aller Produktionsbeteiligten, und es ist schon seit langem üblich, dass man nicht von Shakespeares, sondern »Zadeks HAMLET« spricht und das Publikum »den neuen Marthaler« sehen möchte – wobei mancher vielleicht nicht einmal weiß, dass es sich dabei gerade um Horváths KASIMIR UND KAROLINE handelt. Es ist der Regisseur, der – wenn auch oft im »Regieteam«, zu dem unter anderem der Bühnenbildner und ein Dramaturg gehören – die Interpretation der Textvorlage (früher sprach man von der »Auffassung« des Stückes) und die ästhetische Gesamtkonzeption der Inszenierung bestimmt. Diese stellt ein eigenständiges künstlerisches Werk dar, an dem der Regisseur das Urheberrecht besitzt (nicht aber die Nutzungsrechte, die er vertraglich an das Theater abgetreten hat).

Der deutsche Begriff Spielleiter wird synonym verwendet, bezeichnet aber meist einen Regisseur, der nicht, wie es die Regel ist, freischaffend als Selbständiger tätig, sondern festengagiert, also auf der Grundlage des Normalvertrags Bühne beschäftigt ist. Er verantwortet eigene Inszenierungen und ist, vor allem im Musiktheater, auch für Wiederaufnahmen und Nacheinstudierungen zuständig. Leitet er eine Sparte, bezeichnet man ihn als Oberspielleiter (zum Beispiel des Schauspiels oder der Oper); als solcher kann er ebenfalls nach Normalvertrag Bühne beschäftigt werden, darf aber auch von diesem Tarifvertrag abweichende Regelungen vereinbaren.

Unterstützt ein Regisseur ohne größeren Zeitaufwand und ohne die Grundkonzeption zu verantworten einen Schauspieler bei der Erarbeitung eines Chansonabends oder hilft einem Kabarettensemble bei einem neuen Programm, führt man ihn in Ankündigungen und im Programmheft immer öfter bescheiden als »Auge von außen« auf – dabei handelt es sich um eine Lehnprägung des französischen *œil extérieur*.

Der französische *régisseur*, übersetzt eigentlich der (Steuer-)Verwalter, ist kein Regisseur, sondern ein Inspizient; es ist der *metteur en scène*, der eine Inszenierung verantwortet. Im angloamerikanischen Raum nennt man den Regisseur *director*.

Repertoire

Das Repertoire (spätlateinisch *repertorium* = Verzeichnis, Findbuch, eigentlich Fundstätte) ist die Gesamtheit aller Rollen oder Partien, die einem Künstler zur Verfügung stehen. Verfügt also eine Sängerin über ein umfangreiches Repertoire, hat sie viele Partien einstudiert und beherrscht diese so, dass sie sie ohne aufwendiges Einüben singen kann und im Fall einer Übernahme lediglich eine Einweisungsprobe benötigt.

Als Repertoire bezeichnet man auch alle Werke, die an einem im Repertoiresystem arbeitenden Theater geprobt und aufgeführt worden sind und bei Bedarf »angesetzt« werden können, also nicht »abgespielt«, sondern nach wie vor »im Repertoire« sind.

Repertoiresystem

Im Gegensatz zum En-Suite-Spielbetrieb werden mehrere Inszenierungen abwechselnd gezeigt und über Monate oder sogar mehrere Spielzeiten hinweg aufführungsbereit im Repertoire behalten. Dieser personal- und damit kostenintensive Spielbetrieb ist in Mittel- und Nordeuropa üblich – dort besitzen die meisten Theater ein eigenes Ensemble. In England, wo der En-suite-Spielbetrieb vorherrscht, bezeichnet man Theater mit Repertoiresystem als *repertory theatre*, in den USA als *stock theater*. In Frankreich unterhält als einziges staatliches Theater die Comédie-Française ein festes Ensemble und bewahrt zahlreiche Inszenierungen im Repertoire.

Nicht nur Schauspielbühnen und Mehrspartenhäuser, sondern auch reine Opernhäuser können einen Repertoirebetrieb aufweisen, darunter etwa die Komische Oper in Berlin. Viele Opernbühnen pflegen eine Art Mischform und arbeiten im Semi-Stagione-Betrieb, so die Wiener Staatsoper und die Metropolitan Opera in New York.

Replik

Spricht man am Theater von der Replik eines Schauspielers, meint man keinesfalls eine Kopie dieses Akteurs, sondern ein Textstück seiner Figur: Ein zwischen zwei oder mehreren Bühnenfiguren geführtes Gespräch, Dialog genannt, was sich von den Wortwurzeln her am besten mit Wortfluss übersetzen ließe, besteht aus Reden und Gegenreden, Gegenantworten, Erwiderungen: den sogenannten Repliken. Die französische *réplique* entspricht hingegen dem deutschen Stichwort, also dem Satz oder Satzteil eines Schauspielers, an den der Text des Kollegen anschließt oder der als Signal zum Beispiel für einen Auftritt oder eine Verwandlung dient.

Requisit

Gegenstände, die auf der Bühne verwendet werden, nennt man Requisiten (vom lateinischen *requirere* = verlangen, erfordern; englisch: *props*, französisch: *accessoires*). Haben sie rein dekorativen Charakter, wie etwa Bücher, die eine Regalwand füllen, werden sie zwar vom Requisiteur platziert, sind jedoch keine Requisiten im eigentlichen Sinn wie das Titelrequisit in Kleists ZERBROCHNEM KRUG oder das bestickte Taschentuch, das Desdemona in Shakespeares OTHELLO verliert. Letzteres fällt indes nicht in den Zuständigkeitsbereich der Requisite, sondern der Kostümabteilung.

Requisiteur

Anhand einer Liste aller für eine Inszenierung benötigten Requisiten, die der Regieassistent in Absprache mit dem Regisseur und dem Bühnenbildner erstellt, sucht der Requisiteur diese Gegenstände aus dem Fundus zusammen, kauft oder entleiht sie, bearbeitet sie unter Umständen oder stellt sie selbst her. Für die Vorstellung richtet er sie im Bühnenbild ein oder legt sie auf Requisitentischen bereit. Wird auf der Bühne gegessen und getrunken, bereitet er die Speisen und Getränke zu, wobei nachvollziehbarerweise zu optisch ähnlichen Produkten gegriffen und zum Beispiel Whisky durch Tee ersetzt wird. An vielen Theatern ist der Requisiteur zudem für die auf der Bühne verwendeten (Schuss-)Waffen und sämtliche pyrotechnischen Effekte zuständig.

Residenzpflicht

Immer wieder diskutiert wurde in Deutschland in den letzten Jahren die Residenzpflicht von Asylbewerbern, doch auch festengagierte Bühnenkünstler unterliegen ihr. Sie dürfen – selbst an Tagen, an denen sie weder zu Proben eingeteilt noch an einer Vorstellung beteiligt sind – die Stadt, in der das Theater domiziliert ist, bzw. deren nähere Umgebung nicht ohne Genehmigung verlassen. Dies soll gewährleisten, dass das Ensemblemitglied bei kurzfristigen Spielplanänderungen zur Verfügung steht. Wer an freien Tagen einen größeren Ausflug machen will, hat also jedes Mal rechtzeitig ein Urlaubsgesuch einzureichen, das die Theaterleitung sowie während der Probenzeit der Regisseur genehmigen und unterzeichnen müssen. Darin ist einzutragen, wie das Bühnenmitglied zu erreichen ist (was seit der Erfindung des Mobiltelefons freilich kein Problem mehr darstellt) und wohin es fährt, darüber hinaus muss kurioserweise auch angegeben werden, zu welchem Zweck – solange an der Baracke des Deutschen Theaters Mark Ravenhills gleichnamiges Stück gezeigt wurde, war es beliebt, auf dem Urlaubsschein zu vermerken: »Shoppen und Ficken in Berlin«. Nur wer im Besitz eines solchen Urlaubsscheines ist, darf also beispielsweise am Sonntag bei seiner 100 Kilometer entfernt wohnenden Großmutter zu Mittag essen.

Rezitativ

Im Gegensatz zur Arie handelt es sich hierbei um einen Gesang, der sich dem Sprechen annähert. Das Secco-Rezitativ (von italienisch *secco* = trocken und lateinisch *recitare* = vortragen) wird nur von einem Basso Continuo (auch Generalbass genannt, bestehend aus der tiefsten Instrumentalstimme und passenden Akkorden) begleitet und bietet daher relativ große Freiheiten in der Melodiegestaltung. Das Accompagnato-Rezitativ hingegen wird zu Orchestermusik dargeboten.

Rochieren

Als Rochade bezeichnet man im Schachspiel einen gemeinsamen Doppelzug von König und Turm, und analog verwendet man den Begriff auch am Theater: Zwei – oder auch mehr – Darsteller rochieren, wenn sie sich gleichzeitig in eine andere Stellung begeben und dabei miteinander die Positionen tauschen.

Rolle

»Die ganze Welt ist Bühne / und alle Fraun und Männer bloße Spieler. / Sie treten auf und gehen wieder ab. / Sein Leben lang spielt einer manche Rollen«, sagt der melancholische Jaques in William Shakespeares

Wie es euch gefällt. Das vom lateinischen *rotula* = Rädchen abgeleitete französische Wort *rôle* wurde schon um 1400 ins Deutsche entlehnt und bezeichnet seit Ende des 16. Jahrhunderts den Anteil eines Schauspielers an einer Aufführung. Früher wurde nämlich der Text, den ein Darsteller zu sprechen hatte, tatsächlich auf einen Papierstreifen geschrieben – meist vom Schauspieler selbst. Der Streifen wurde dann auf den Proben so abgerollt, dass die jeweils zu sprechende Replik mit dem dazugehörenden Stichwort (den letzten Worten des Vorredners, auf die der Einsatz des Darstellers zu erfolgen hat) zu sehen war. Übernahm ein Akteur eine Rolle, hielt er also tatsächlich eine Papierrolle und nicht etwa den kompletten Stücktext in der Hand.

Natürlich hat der Darsteller die Verpflichtung, seine Rolle zu lernen. Manche Regisseure erwarten von den Schauspielern, dass sie mit gelernten Rollen zu den Proben erscheinen, andere sehen darin die Gefahr einer zu frühen Festlegung, etwa durch das Einüben unerwünschter Satzmelodien und Betonungen, und bevorzugen das sukzessive Lernen während der Proben. Dies ist selbstverständlich während einer achtmonatigen Probenzeit, wie sie Brecht für seinen Kaukasischen Kreidekreis in Anspruch nahm, eher möglich als bei den meist kurzen Proben zu Sommertheaterproduktionen, bei denen die Darsteller nicht selten vertraglich verpflichtet werden, zu Probenbeginn mit vollständig gelerntem Text zu erscheinen. Während die Hausordnung für die schweizerischen Bühnen gemäß Artikel 37 des Gesamtarbeitsvertrages lediglich verlangt, dass Rollen und Partien »von den Bühnenmitgliedern in angemessener Frist dargestellt werden können«, verpflichtet in Österreich der zwischen dem Theatererhalterverband Österreichischer Bundesländer und Städte und dem Gewerkschaftsbund abgeschlossene Kollektivvertrag in § 53 Solisten und Chormitglieder, »Sprechrollen in deutscher Sprache sowie Gesangspartien im Wortlaut des deutschsprachigen Auszuges im Ausmaß eines Bogens in gewöhnlicher Handschrift oder im Ausmaß dreier Maschinschreibseiten (DIN A4, 25 Zeilen pro Seite) in einem Tag, Gesangspartien dieses Ausmaßes in 3 Tagen zu erlernen [...].«

Man unterscheidet die darstellerischen Aufgaben in einem bestimmten Stück, deren Verteilung man Besetzung nennt, nach Größe und Bedeutung in Haupt- und Nebenrollen. Hat der Darsteller keinen Text, spielt er eine »stumme Rolle«, stellt er zwei Figuren dar, eine Doppelrolle. Wird die Figur im Werktitel genannt, handelt es sich um eine Titelrolle – welche nicht unbedingt auch die Hauptrolle sein muss, ganz zu schweigen von Stücken wie Samuel Becketts WARTEN AUF GODOT oder Edward Albees WER HAT ANGST VOR VIRGINIA WOOLF?, deren Titelfiguren gar nicht auf der Bühne erscheinen. Im Musik- und Tanztheater spricht man seltener von der Rolle, sondern meist von der Partie eines Sängers oder Tänzers.

Eine Rolle, in der man ohne allzu große Mühe den Beifall des Publikums erringen kann, ist »dankbar«. Deckt sich eine Rolle mit der Individualität des Schauspielers und entspricht sie seinen darstellerischen Möglichkeiten, sagt man, »ihm liegt die Rolle« oder »er liegt auf der Rolle«. Wer eine Rolle »abgibt« oder »zurücklegt«, verzichtet darauf, sie zu spielen, wer seine Rolle »abzieht«, spielt sie zu routiniert. Wer auf der Bühne für einen Moment privat wird, also zum Beispiel bei einem Hänger nicht nur die Fassung, sondern auch die Figur verliert, »fällt aus der Rolle«.

Rücksetzer

Im Bühnenbild werden hinter Fenster oder Türöffnungen gewöhnlich Rück- oder Hintersetzer gestellt, die den Blick des Zuschauers auf die Brandmauer oder die Hinterbühne verhindern: oft einfache, mit schwarzem Molton bezogene und mit Entenschnabelsteifen befestigte Stellwände. Rücksetzer können aber auch mehrere Meter breite, aufwendig bemalte oder mit aufgezogenen Fotografien versehene Hintergründe sein, die zum Beispiel eine Landschaft oder gegenüberliegende Fassaden zeigen.

Ruhezeiten

Nach der Abendprobe, der Abendvorstellung oder der Rückkehr von einem Gastspiel steht den Solomitgliedern eines Theaters eine elfstündige Nachtruhezeit zu, die nur in begründeten Fällen verkürzt werden darf, in Österreich und der Schweiz eine zehnstündige Nachtruhezeit. Auch zwischen zwei Proben besteht das Anrecht auf eine »angemessene« Ruhezeit, ebenso vor Beginn einer Aufführung: Die letzten vier Stunden, bevor das Solomitglied im Theater erscheinen muss, ist es nicht verpflichtet, an einer Probe teilzunehmen – außer bei Hauptproben und Generalproben oder wenn Spielplan- oder Betriebsstörungen eine Verkürzung dieser Ruhezeit notwendig machen. Mitgliedern von Chor und Orchester steht vor Aufführungen sogar eine fünfstündige Ruhezeit zu.

Rundhorizont
Nicht immer geht es hinter dem Horizont weiter, wie Udo Lindenberg behauptet: Zwar kann bei entsprechender Beleuchtung bzw. mit Hilfe von Projektionen der Eindruck eines unbegrenzten Raumes erzeugt werden, doch endet die Spielfläche am Rundhorizont. Auch Bühnenhimmel oder Cyclorama genannt, besteht er aus Stoff, der in einer bogenförmigen Schiene hängt, vom Schnürboden bis zum Bühnenboden reicht und die Bühne rückwärtig halbzylindrisch umschließt, genäht aus überbreiten senkrechten Bahnen, unter Umständen bemalt und auf alle Fälle faltenlos gespannt.

Querfahrer ➤ Bühnenwagen

Saallicht
nennt man die Beleuchtung des Zuschauerraums, die traditionell vor dem Öffnen des Vorhangs erlischt. Es kann aber auch Teil der künstlerischen Konzeption sein, dieses – in voller Stärke oder gedimmt – anzulassen, um die Trennung zwischen Zuschauern und Bühnengeschehen aufzuheben. So ließ der Regisseur Jürgen Gosch, der in vielen Inszenierungen auf jeglichen Illusionismus verzichtete und den Theaterapparat freilegte, den Zuschauerraum oftmals während der gesamten Aufführung beleuchtet.

Saison
Umgangssprachlich bezeichnet man als Saison oder Spielzeit die Zeit von der ersten Premiere im September oder Oktober bis zur letzten Vorstellung im Juni oder Juli. Sie beginnt aber eigentlich nach der Sommerpause, also im August oder September, und dauert einschließlich Tarifurlaub genau zwölf Monate. Da sie nicht dem Kalenderjahr entspricht, wird sie stets mit zwei Jahreszahlen bezeichnet, zum Beispiel als Spielzeit 2015/16. Auch die festen Verträge an öffentlichen Theatern orientieren sich nicht am Kalenderjahr, sondern werden für eine oder mehrere Spielzeiten abgeschlossen. Dass festengagierte Bühnenkünstler ganzjährig verpflichtet sind, stellt übrigens eine Errungenschaft dar: Noch in den ersten Jahrzehnten des 20. Jahrhunderts waren vielerorts acht- oder neunmonatige Spielzeiten üblich und die Künstler in der übrigen Zeit auf Engagements an Sommerbühnen angewiesen, um den Lebensunterhalt zu sichern.

Salondame
Das Fach der Salondame umfasst keineswegs nur die Darstellung temperamentvoller, souveräner und eleganter Frauenfiguren in Konversations- und Boulevardstücken, sondern auch klassische Rollen wie die Gräfin Orsina in Lessings Emilia Galotti und die Lady Milford in Schillers Kabale und Liebe. Scherzhaft wird sie auch »Salonschlange« genannt.

Sänger ➤ Chor ➤ Solisten

SBKV ➤ Genossenschaft Deutscher Bühnen-Angehöriger

Scanner ➤ Moving Lights

Schauspieldirektor
Er ist der künstlerische Leiter des Sprechtheaters an einem Mehrspartenhaus, gewöhnlich ein Regisseur oder leitender Dramaturg. Gemeinsam mit dem Intendanten, dem er unterstellt ist, entwickelt er den Spielplan, entscheidet über Engagements von Schauspielern und Gastregisseuren und trägt die Verantwortung für sämtliche Inszenierungen seiner Sparte. Er muss nicht gemäß Normalvertrag Bühne beschäftigt werden, sondern kann einen frei ausgehandelten Dienstvertrag besitzen.

Schauspieler ➤ Solisten

Scheinwerfer
Die gebräuchlichsten Scheinwerfer (englisch: *spotlights*, französisch: *projecteurs*) sind der meist Fresnel genannte Stufenlinsenscheinwerfer und der verwandte PC, der multifunktionale Profiler (der auch als Verfolger eingesetzt wird) sowie der linsenlose PAR. Um große Flächen gleichmäßig zu beleuchten, benutzt man Fluter oder LHGL-Wannen, also Leuchtstoff-Hintergrundleuchten, in die einzeln dimmbare rote, grüne, blaue und weiße Leuchtstoffröhren verbaut sind und die ein diffuses Flächenlicht erzeugen. Immer häufiger eingesetzt werden zudem computergesteuerte, positionierbare Scheinwerfer, die sogenannten Moving Lights. Als Leuchtmittel finden unter anderem Glaskolbenlampen, Halogenlampen, Leuchtstoffröhren und zunehmend LEDs, also Lichtemittierende Dioden, Verwendung.

Scherbeneimer ➤ Windmaschine

Schleier
Ein straff gespannter, nahtloser Schleiervorhang aus eingefärbtem oder bedrucktem Nesselgewebe bzw. aus Gaze (Erbstüll oder Gobelintüll) kann je nach Beleuchtung beinahe blickdicht oder durchsichtig wirken, also den dahinterliegenden Teil der Bühne für die Zuschauer verbergen oder sichtbar werden lassen. Er besteht in der Regel aus einer einzigen, bis zu 12 Meter breiten Bahn. Als Portalschleier, der die gesamte Portalöffnung abdeckt, dient er dazu, das Bühnengeschehen optisch vom Zuschauer wegzurücken oder die gesamte Bühne scheinbar in Nebel zu tauchen, zugleich kann er für Film- oder Diaprojektionen verwendet werden.

Schließer
Sie öffnen bei Einlass die Türen zum Zuschauerraum und den Logen, kontrollieren die Billetts der Zuschauer (weswegen sie mancherorts Billeteure oder Kartenabreißer genannt werden), weisen gegebenenfalls den richtigen Platz an und verkaufen nicht selten auch die Programmhefte. Zudem sind sie u.a. dafür verantwortlich, dass die Sicherheitswege frei bleiben, sorgen während der Vorstellung für Ruhe im Foyer und regeln den Nacheinlass.

Schlosserei
Die Theaterschlosser, heute in der Regel gelernte Metallbauer oder Konstruktionsmechaniker, fertigen nach den Entwürfen des Bühnenbildners sämtliche Dekorationsteile aus Metall an, vom Treppengeländer mit barocken Verzierungen bis zum abstrakten Eisenstuhl.

Schmiere
Früher haben viele berühmte Schauspieler ihre Laufbahn an der sogenannten Schmiere begonnen, also bei einer unter prekären Bedingungen und mit zweifelhaftem künstlerischen Erfolg arbeitenden Wanderbühne, wie sie etwa im unsterblichen Schwank DER RAUB DER SABINERINNEN parodiert wird. Dort schwärmt Direktor Striese von seiner Truppe: »Es ist wahr, dass ich meinen Schauspielern fast kein Geld zahlen kann, aber dafür leisten sie desto mehr. [...] Meine jugendlich-naive Liebhaberin ist nun bald achtzehn Jahre bei mir, sie denkt gar nicht daran wegzugehen. Und was schließlich meine Frau anbe-

langt – – – nicht nur, dass sie das Kassenwesen besorgt, den Schauspielern die Haare brennt, in der Stadt die Requisiten zusammenborgt und abends die größten Rollen spielt, nein, sie hat trotz dieser Überbürdung im Laufe der Jahre noch Zeit gefunden, mich mit einer Schar lieblicher Kinder zu beschenken.«

Als »Schmierentheater« bezeichnet man allgemein eine übertriebene oder schlechte Darstellung. Spielt ein Schauspieler Vorgänge ungenau, »schmiert« er. Wird eine Inszenierung im Laufe der Vorstellungen immer unpräziser, »verschmiert« sie.

Schminke

Was üblicherweise als Make-up bezeichnet wird, heißt im Theater noch immer Schminke. Dort handelt es sich freilich nicht nur um die farbliche Gestaltung des Gesichtes sowie die Betonung der Augen und Lippen zur Verschönerung; das Schminken durch den Maskenbildner folgt einem künstlerischen Konzept und kann der Alterung, der Steigerung des Ausdrucks, der Typisierung oder Stilisierung dienen. Die klassische Bühnenschminke, sowohl für das Gesicht als auch den Körper, ist das sogenannte Cake Make-up, das mit einem feuchten Schwamm aufgetragen wird. Das in Form von Drehstiften verwendete Creme-Make-up auf Wachs- und Ölbasis dient zum Grundieren und Schattieren, wird aber auch verwendet, um Wunden zu schminken. Die höchste Pigmentierung und damit die beste Deckkraft hat das in vielen Hauttönen erhältliche Camouflage-Make-up, das Hautveränderungen und -anomalien abdeckt und, seit Tätowierungen in Mode gekommen sind, noch häufiger benutzt werden muss. Als Abschminke zum Entfernen von Fettschminke dient eine Art Vaseline.

Schminkzulage ➤ Zulage

Schmiss

nennt man in der Oper das plötzliche Aussetzen eines Mitwirkenden beim Singen oder Musizieren, einen verspäteten oder falschen Einsatz. Hat ein Schauspieler einen Hänger oder einen Lachanfall, ist er undiszipliniert, macht einen Sprung im Text oder extemporiert unangemessen, kann es sein, dass er die Szene oder sogar die ganze Vorstellung »schmeißt«, wie es im Theaterjargon heißt, also deren sorgfältig einstudierte Wiedergabe verunmöglicht und so die Wirkung ruiniert. Etwas Positives ist es hingegen, wenn eine Aufführung oder ein Darsteller »Schmiss haben«: dann besitzen sie nämlich mitreißenden Schwung.

Schneckeln ➤ Perücke

Schneiderei
Unterteilt in Damen- und Herrenschneiderei, fertigt sie nach den Entwürfen des Kostümbildners sämtliche gewünschten Kostüme und Kostümteile an, die nicht dem Fundus entnommen werden können, und arbeitet vorhandene Kostüme um. Geleitet werden die beiden Abteilungen von jeweils einem Gewandmeister.

Schnürboden
Meist ist das Bühnenhaus doppelt so hoch wie die sichtbare Höhe der Bühnenraums, damit Dekorationen, Vorhänge und Prospekte vollständig über die obere Kante des Portalöffnung hinaus zum Schnürboden hinauf gezogen werden können. Von dieser begehbaren Zwischendecke im obersten Bereich des Bühnenhauses bzw. dem darüber gelegenen Rollenboden laufen die Seile aller Züge über Rollen zu den Seitenwänden des Bühnenhauses. Verantwortlich für den Schnürboden ist der Schnürmeister.

Schnürmeister
Soll es schneien oder ein Darsteller mittels eines Flugwerks über die Bühne schweben, ist das Aufgabe des Schnürmeisters. Er organisiert – in Absprache mit dem Bühnenmeister – alle Arbeiten am Schnürboden und bedient die Obermaschinerie, den oberen Teil der Bühnenmaschinerie, mittels maschinell gesteuerter oder manuell bedienter Züge, verantwortet also alle szenischen Verwandlungen, die mit diesen ausgeführt werden. Zudem ist er mitverantwortlich für die Einrichtung, also das sichere und korrekte Hängen, sämtlicher Dekorationsteile, Prospekte und Vorhänge an den Zügen und die richtige Auskonterung, das heißt die Balance zwischen Last- und Gegengewicht.

Schreinerei
Wer sägt die Bretter, die die Welt bedeuten, zurecht? Auch Tischlerei genannt, ist die Schreinerei eine der wichtigsten Werkstätten des Theaters, besteht doch die Grundkonstruktion der meisten Bühnenbilder aus Holzlatten und -rahmen, die mit Sperrholz, Faserplatten oder

Leinwand bespannt (und später bemalt) werden. Auch Podien und Treppen werden meist aus Holz bzw. Multiplexplatten, also dickem Sperrholz, gefertigt, ebenso manche Möbel und Requisiten. Über das Sägen, Schleifen, Zimmern und Drechseln von Holz hinaus sind Theaterschreiner für die Bearbeitung von Plexiglas, das aus Sicherheitsgründen auf der Bühne alle Glasscheiben ersetzen muss, und anderen Kunststoffen zuständig.

Schusslatte ➤ Windmaschine

Schwarze

Nicht nur in der Applausordnung taucht diese Bezeichnung auf, die mit Blackfacing nicht das Geringste zu tun hat. Gemeint sind Regisseur, Bühnenbildner, Kostümbildner und unter Umständen weitere Beteiligte wie etwa der musikalische Leiter oder der Chordirektor. Man nennt diese Bühnenschaffenden »die Schwarzen«, weil früher der dunkle Anzug beim Verbeugung Usus war und sie heute fast immer schwarze Kleidung tragen. Claus Peymann erklärte das im Magazin *Cicero* einmal so: »Wahrscheinlich ist es so, dass dieses Schwarz, was viele Theaterleute tragen, nicht und keineswegs der Ausdruck einer depressiven oder resignativen oder gar trauernden Grundhaltung wäre, sondern der Ausdruck des Komplementärs. Das heißt, die Farben, die überlassen wir den Schauspielern. Die Farben, das ist die Bühne. Die Farben, das ist die Vorstellung, die Verrücktheit, das sind die Clowns in der Szene. Und wir selber, wir Schwarzen, wir verschwinden. [...] Das Schwarz ist so schwarz wie der verdunkelte Zuschauerraum, in dem wir sitzen. Und wir schauen raus, in die leuchtende zweite Welt, in diese wunderbare Traumwelt des Theaters, da sind dann die wirklich schrillen und wahnsinnigen Farben, die kurzen Röcke, die geilen Schuhe, die heißen Dekolletés.«

Schwarzes Brett

Es dient der Theaterleitung zum Aushang von Besetzungen, Probenplänen, Dispositionen, offiziellen Mitteilungen und Ankündigungen und ist häufig durch eine verschließbare Glasscheibe vor dem Zugriff Unbefugter gesichert. Früher erfuhr man gewöhnlich am Schwarzen Brett, ob und in welcher Rolle man in einer Inszenierung besetzt war.

Schweizerischer Bühnenkünstlerverband ➤ Genossenschaft Deutscher Bühnen-Angehöriger

Schwimmen
Hat ein Schauspieler nicht nur einen Hänger, sondern den Text ungenügend memoriert und beherrscht seine Rolle nicht, so »schwimmt« er. Aber auch ein Schauspieler, der einen Sprung macht, kann seine Kollegen »ins Schwimmen bringen«, wenn dadurch ihre Stichworte durcheinandergeraten. Der Ausdruck rührt angeblich daher, dass die vermeintlich ausdrucksvollen Gesten, die die Textunsicherheit verschleiern sollen, nicht selten an Schwimmbewegungen erinnern. Schon das 1841 in Leipzig erschienene »Theater-Lexikon« vermerkte: »Wenn der Schauspieler nicht Herr seiner Rolle ist, so kämpft er mit dem Gedächtnisse, mit den Worten, wie der Schwimmende mit den Wellen, u. wird nicht selten, wenn die Diction schwer, wie der ungeübte Schwimmer, ein Raub des fremden Elements.«

Seitenbühne ➤ Hinterbühne

Seitenmeister ➤ Bühnenmeister

Semi-Stagione-System ➤ En suite

Setzen
Erhält ein Schauspieler vom Regisseur die Anweisung, er solle eine bestimmte Replik »setzen«, soll er sie deutlich artikuliert und betont sprechen, mitunter auch »auf Punkt«, was bedeutet, er soll die Stimme am Satzende absenken.

Sitzprobe ➤ Orchestersitzprobe

Soffitte
Parallel zur Rampe, also quer über die Bühne hängende, aus dem Schnürboden herabgelassene Stoffbahn aus schwarzem Molton oder Samt, mitunter aber auch bemalt, die als obere Bühnenraumbegrenzung vor allem dazu dient, die Sicht des Publikums auf Scheinwerfer und die Züge zu verhindern. Zusammen mit den seitlich senkrecht hängenden und daher auch Seitenhänger oder Schenkel genannten Schals kann die Soffitte (vom italienischen *soffitta* für Dachboden bzw.

soffitto für Decke) einen Rahmen bilden. Ordnet man solche Rahmen hintereinander in Abständen an, zum Beispiel um für den Zuschauer räumliche Tiefe zu erzeugen, bilden sich Gassen, die wiederum dem Auftritt und Abgang der Darsteller dienen.

Solomitglieder

Alle Schauspieler und Sänger, außer jenen, die Mitglied des Chores sind, sowie die Tänzer, die nicht als Tanzgruppenmitglieder verpflichtet sind, bezeichnet man als Solisten. Als Solomitglieder hingegen definiert der Normalvertrag Bühne »Einzeldarsteller einschließlich Kabarettisten und Puppentheaterspielern, Dirigenten, Kapellmeister, Studienleiter, Repetitoren, Orchestergeschäftsführer, Direktoren des künstlerischen Betriebs (insbesondere Operndirektor, Schauspieldirektor, Ballettdirektor, Leiter des Kinder- und Jugendtheaters), Spielleiter (Regisseure), Chordirektoren, Choreografen, Tanz-/Ballettmeister sowie Trainingsleiter, Dramaturgen, Leiter des künstlerischen Betriebsbüros, Disponenten, Ausstattungsleiter, Bühnenbildner, Kostümbildner und Lightdesigner, Inspizienten, Theaterpädagogen, Schauspielmusiker, Referenten und Assistenten von Intendanten sowie des künstlerischen Betriebs, Souffleure, Theaterfotografen und Grafiker, Pressereferenten und Referenten der Öffentlichkeitsarbeit sowie Personen in ähnlicher Stellung«.

Sommerpause

Im Juni oder Juli verabschieden sich die Theater von den Zuschauern und gehen bis August oder September in die sogenannte Sommerpause. Nach etwa sechs Wochen – laut Normalvertrag stehen dem Bühnenmitglied jährlich 45 Kalendertage Urlaub zu – beginnen dann die Proben für die Produktionen der neuen Spielzeit, wobei zumindest das Stück, das als erstes Premiere hat, oftmals schon vor dem Ende der letzten Saison »vorgeprobt« worden ist und nun ein zweiter Probenblock absolviert wird. Nur wenige Staats- und Stadttheater vermieten ihre Räumlichkeiten während der Sommerpause an einen privaten Unternehmer, der dort beispielsweise eine Musicalproduktion en suite zeigt. Viele Privattheater ohne festes Ensemble kennen hingegen keine Sommerpause, sondern spielen das ganze Jahr über.

Soubrette

Zum Fach der Soubrette im Schauspiel gehören komödiantische oder zumindest heitere Rollen von geringerem Stand, also etwa die Dorine in Molières TARTUFFE oder die Franziska in Lessings MINNA VON BARNHELM – das französische *soubrette* meinte ursprünglich Zofe, Dienerin. Auch in der Oper und nicht zuletzt der Operette sorgt die Soubrette als weibliches Pendant zum Buffo für die Komik. Als Stimmfach zeichnet sich die Soubrette durch eine leichte und bewegliche Sopranstimme aus; als Soubrettenpartien gelten nicht zuletzt zahlreiche Rollen in Musicals wie etwa die Eliza in Frederick Loewes MY FAIR LADY oder die Maria in Leonard Bernsteins WEST SIDE STORY.

Souffleur

Souffleure, zu Deutsch eigentlich »Einbläser«, denn der Begriff leitet sich vom französischen *souffler* = blasen her, lesen den Text der Aufführung mit. Sie unterstützen textunsichere Darsteller prophylaktisch durch das »Anschlagen« der Repliken, also das Flüstern der ersten zwei, drei Wörter, und helfen möglichst unauffällig über Hänger hinweg. »Einhelfer« lautete denn auch der heute nicht mehr verwendete deutsche Begriff für diesen Beruf, den meist ehemalige Schauspielerinnen oder Sängerinnen ausüben – wegen der höheren Stimmlage werden Souffleusen, scherzhaft »Zuflöten« genannt, bevorzugt. Die anspruchsvolle Tätigkeit erfordert nicht nur eine hohe Konzentration (die englische Berufsbezeichnung *prompter* lässt anklingen, dass das helfende Eingreifen unverzüglich zu erfolgen hat), sondern – insbesondere auf den Proben – auch Geduld und Einfühlungsvermögen. Im Musiktheater sind Noten- und Fremdsprachenkenntnisse unerlässlich, denn der Souffleur fungiert dort als eine Art Mit-Dirigent und gibt den Sängern Einsätze.

Der traditionelle Souffleurkasten wird heute kaum noch benutzt. Meist sitzen die Souffleure in der ersten Gasse seitlich der Spielfläche oder in der vordersten Reihe des Zuschauerraums, das Textbuch auf dem Schoß und die Taschenlampe in der Hand. Zuschauer in ihrer Nähe können so nicht nur manche Texte zweimal hören, sondern ähnlich wie bei einer Sanduhr anhand des kleiner werdenden Papierstapels noch ungespielten Textes die verbleibende Dauer der Aufführung abschätzen. Gelegentlich wird heute aber auch per Funk souffliert; zu diesem Zweck tragen die Schauspieler einen kleinen kabellosen Empfänger im Ohr.

Souffleurkasten

Der hölzerne, oft muschelförmige Souffleurkasten – Goethe sprach vom »Souffleurloch« – ist in der Mitte der Rampe eingelassen, zum Zuschauerraum hin geschlossen, aber zur Bühne hin offen, so dass der Souffleur vom Publikum ungesehen Augenkontakt mit den Akteuren halten kann. Ein Schauspieler, der seinen Text nicht beherrscht, muss alles »aus dem Kasten ziehen«, man sagt, er »klebt am Kasten«. Am Burgtheater behaupteten bösartige Kollegen einst, der Weg zum Souffleurkasten sei von Raoul Aslan ganz ausgetreten. Dieser soll, wenn der Souffleur ihm die ersten Textzeile zuflüsterte, auch schon mal erwidert haben: »Keine Details! Welches Stück?«

Soufflierbuch

Darin hat der Souffleur sämtliche Striche und alle vereinbarten Sprechpausen akribisch notiert, um Kunstpausen tunlichst von Hängern zu unterscheiden, und zudem markiert, an welchen Stellen die Darsteller besonders textunsicher sind. Im Musiktheater kennzeichnet ein »E« die Stelle, an der ein Einsatz zu geben ist, ein »H« (für Halten) hingegen zeigt an, dass der verfrühte Einsatz eines Sängers verhindert werden muss.

Sparte

Als die klassischen drei Sparten des Theaters gelten das Sprechtheater, das Musiktheater (Oper, Operette, Musical) und das Tanztheater, hinzu kommt mancherorts als vierte Sparte das Figurentheater. An einigen Häusern gilt auch das Kinder- und Jugendtheater als eigene Sparte, andere unterteilen das Musiktheater in die Sparten Oper und Operette. Unterhält das Theater ein eigenes Orchester, das auch Konzerte anbietet, kann dieses eine eigene Sparte bilden. Bühnen, deren Angebot selbstproduzierte Aufführungen aus mehreren Sparten umfasst, bezeichnet man als Mehrspartentheater. Die meisten Staatstheater und Stadttheater im deutschsprachigen Raum sind Dreispartenhäuser, man kennt aber auch Zweispartenhäuser zum Beispiel mit Musik- und Tanztheaterproduktionen und selbstverständlich Einspartentheater wie reine Schauspielhäuser. Sind Mehrspartentheater von umfangreichen Subventionskürzungen bedroht, wird gerne der Verzicht auf eine Sparte – üblicherweise das Tanztheater bzw. Ballett – diskutiert.

Spielleiter ➤ Regisseur

Spielplan
Der Spielplan eines Theaters setzt sich aus neuen Inszenierungen und Wiederaufnahmen zusammen, wird vom Intendanten verantwortet und in Zusammenarbeit mit den Leitern der einzelnen Sparten, den Dramaturgen, Disponenten und dem Verwaltungsdirektor erstellt. Dabei spielen nicht nur inhaltlich-konzeptuelle Überlegungen eine Rolle, es gilt auch, die personellen, technischen und finanziellen Möglichkeiten des Theaters und eine Vielzahl weiterer Gesichtspunkte zu berücksichtigen, wie die Ansprüche der verschiedenen Abonnements, das Recht der Ensemblemitglieder auf angemessene Beschäftigung bzw. Ansehrollen oder die jahreszeitlich unterschiedlichen Bedürfnisse der Zuschauer nach leichterer oder schwererer Kost. Die Zeiten, in denen man an der Schmiere Schillers Wilhelm Tell prinzipiell nur im Herbst spielte, weil da die Äpfel billiger sind, dürften freilich vorbei sein …

Entscheidet man sich zur Inszenierung eines Werkes, wird es »auf den Spielplan gesetzt«, befindet sich eine Inszenierung nach der Premiere im Repertoire, werden einzelne Vorstellungen »angesetzt«. Diese erscheinen dann auf dem Monats- oder Wochenspielplan: Als Spielplan bezeichnet man neben dem Gesamtprogramm einer Saison auch die Auflistung aller Vorstellungen eines bestimmten Zeitabschnitts mit den exakten Terminen und Anfangszeiten.

Spielwart ➤ Inspizient

Spielzeit ➤ Saison

Sprung
Lässt ein Schauspieler Text aus, dann »macht er einen Sprung«, er »springt im Text« also von einer Zeile über eine eigentlich nicht gestrichene Passage hinweg, möglicherweise zu einer anderen Replik oder gar in eine andere Szene. Während der Strich eine vereinbarte Textkürzung ist, handelt es sich bei einem Sprung um eine Panne, die die Kollegen nicht selten in große Nöte bringt, vor allem, wenn den Zuschauern durch den Sprung wesentliche Informationen vorenthalten werden. Oft hilft dann nur noch ein Sprung zurück im Text.

Staatsschauspieler
Dieser Ehrentitel, im schriftlichen Gebrauch mit Stsch. abgekürzt, wurde seit Ende des Ersten Weltkriegs und der Abschaffung des Titels

Hofschauspieler an einigen deutschen Theatern, im »Dritten Reich« ab 1937 von Adolf Hitler verliehen. In der Bundesrepublik zeichnete man Mitglieder der Staatlichen Schauspielbühnen Berlins, des Badischen Staatstheaters Karlsruhe, des Bayerischen Staatsschauspiels München, des Saarländischen Staatstheaters Saarbrücken und des Württembergischen Staatstheaters Stuttgart damit aus, oftmals als eine Art Ruhestandsgeschenk. Inzwischen wird dieser Titel nur noch selten vergeben.

Staatstheater
Bei dem im Namen gemeinten Staat handelt es sich nicht etwa um die Bundesrepublik Deutschland, sondern um eines ihrer Bundesländer, das gewöhnlich auch Rechtsträger des Theaters ist (dieser kann aber, wie bei der Hamburgischen Staatsoper, beispielsweise auch eine GmbH sein). Die meisten Staatstheater sind nach dem Ende der Monarchie aus den Hoftheatern hervorgegangen. Das Land Baden-Württemberg etwa unterhält zwei Staatstheater: das Badische Staatstheater Karlsruhe und die Württembergischen Staatstheater Stuttgart, wobei in diesen Fällen das Land die Bühnen nicht allein finanziert, sondern die Sitzstädte jeweils die Hälfte des Zuschussbedarfs tragen. Überwiegend vom Land finanziert werden üblicherweise die Landesbühnen. Aber auch die Bühnen in kommunaler Hand, also die Stadttheater, erhalten häufig beträchtliche Zuschüsse vom Land. Nicht immer übrigens lässt der Name eines Theaters Rückschlüsse auf die Trägerschaft zu: Die Staatsoperette Dresden wird nicht durch den Freistaat Sachsen, sondern die Stadt getragen.

Stadttheater
Eine Bühne der öffentlichen Hand, deren Rechtsträger anders als beim Staatstheater nicht das Land, sondern in der Regel die Kommune ist, in der sie sich befindet (im Falle sogenannter Städtebundtheater sind es mehrere Kommunen), doch kann zum Beispiel auch eine GmbH der Träger sein. Eigentümer und Rechtsträger der Münchner Kammerspiele ist die Landeshauptstadt München und die Bühne damit ein Stadttheater, während es sich beim auf der anderen Straßenseite liegenden Residenztheater (das bis 2011 Bayerisches Staatsschauspiel hieß) um ein Staatstheater handelt.

Stagionesystem ➤ En suite

Stallwache ➤ Abenddienst

Statist

Statisten, früher auch Figuranten, gelegentlich Kleindarsteller, beim Film Komparsen genannt, sind Laien, oft Studenten, Hausfrauen oder Rentner, die gegen eine geringfügige Bezahlung in kleinen darstellerischen Aufgaben eingesetzt werden. Sie übernehmen Einzelaufgaben ohne oder mit nur marginalem Text wie etwa die Rolle eines wachenden Soldaten oder eines Kellners, sorgen meist aber in der Gruppe und ohne individuell aufzufallen für einen bewegten, lebendigen Hintergrund. Fast alle Theater haben einen Stamm an erfahrenen Statisten, der bei besonderen Anforderungen an Alter, Statur oder die Bereitschaft zu einem Nacktauftritt durch gezielte Suche ergänzt wird. Organisiert wird der Einsatz der Statisten gewöhnlich vom Leiter der Statisterie oder dem Statistenführer.

Stehen

Akte oder Szenen, die hinreichend geprobt worden sind, »stehen«.

Stehplatz

Zuschauerplätze ohne Sitzgelegenheit sind vor allem in größeren Theatern vorhanden, befinden sich hinter der letzten Reihe im Parterre sowie auf den oberen Rängen, insbesondere der Galerie, und werden, da vor allem von heftig applaudierenden Theaterenthusiasten frequentiert, im Jargon auch »Trampelloge« genannt. Die günstigen Stehplatzkarten sind häufig erst an der Abendkasse oder sogar nur, wenn eine Vorstellung ausverkauft ist, erhältlich.

Stellprobe

Früher »stellte« der Regisseur die Szene bzw. den Akt »durch«, legte also – oftmals seinem bereits ausgearbeiteten Regiebuch folgend – verbindlich die Stellungen der Schauspieler fest: ihre Position auf der Bühne, ihre Gänge, Auftritte und Abgänge. Längst sind solche Stellproben im engeren Wortsinn allenfalls bei kurzfristigen Umbesetzungen üblich. Die auf die Konzeptions- und Leseproben folgenden Stellproben (englisch: *blocking rehearsals* oder kurz *blocking*), bei denen die Akteure das Textbuch in der Hand halten und den Text ablesen, dienen heute dem gemeinsamen Erkunden des Bühnenraums und dem Ausprobieren möglicher szenischer Lösungen. Durch Improvisieren,

Angebote der Darsteller und das Umsetzen von Vorschlägen des Regisseurs werden Text und Bewegungsabläufe zusammengeführt. Die frühzeitige Bindung an ein starres Arrangement wird von den meisten Theatermachern vermieden; erst auf den späteren Szenenproben, die den größten Teil der Probenarbeit einnehmen, überprüft und fixiert man das Gefundene.

Stemmen ➤ Drücken

Steuerkarte
Bühnenmitglieder, ehemalige Bühnenmitglieder sowie Angehörige anderer Bühnen können an den meisten Theatern Steuerkarten beantragen, mancherorts auch Kollegen- oder Gebühren-, in Österreich Regiekarten genannt; ihre Gewährung hängt von der Verfügbarkeit ab. Zu entrichten ist in der Regel eine vom Theater festgelegte, gegenüber dem normalen Verkaufspreis stark ermäßigte Pauschale, unabhängig von der jeweiligen Platzkategorie, doch sind einige Theater – um höhere Einnahmen zu erzielen – dazu übergegangen, Karten mit einer prozentualen Ermäßigung auf den Tagespreis zu verkaufen. Von Steuerkarten unterschieden werden die kostenlos ausgegebenen Dienstkarten etwa für Kulturdezernenten, die diensthabenden Theaterärzte und Feuerwehrleute, Stückautoren, Verlagsvertreter und Kritiker, aber auch für Bühnenangehörige, die aus dienstlichem Interesse eine Vorstellung sehen müssen (also etwa einen Regisseur, der im Zuge der Besetzung eine Darstellerin begutachten soll), die an der jeweiligen Produktion beteiligt oder fest am Haus engagiert sind. Zudem kennt man Frei- oder Ehrenkarten, die an Personen vergeben werden, deren Theaterbesuch im Interesse des Hauses liegt.

Stichwort ➤ Replik

Stimmführer ➤ Orchester

Strich
»Was gestrichen ist, kann nicht durchfallen«, wusste schon Otto Brahm, der bedeutende Bühnenleiter des Naturalismus. Und doch scheuen die meisten Regisseure davor zurück, durch das beherzte Streichen von 2003 Versen Gretchen auf Fausts Frage: »Mein schönes Fräulein, darf ich wagen, meinen Arm und Geleit Ihr anzutragen?«

ohne Umschweife antworten zu lassen: »Heinrich! mir graut's vor dir.«

Strich nennt man die Kürzung eines Textes aus dramaturgischen, konzeptuellen oder schlicht Zeitgründen – im Gegensatz zum nicht auf der Strichprobe vereinbarten Sprung. Man kann einzelne Wörter, Sätze und Repliken oder ganze Szenen und damit natürlich auch Rollen streichen. Um Striche im Textbuch bzw. dem Regiebuch zu kennzeichnen, hat es sich eingebürgert, den gekürzten Text nicht Zeile für Zeile durchzustreichen, sondern das Auge vom letzten »offenen«, also nicht gestrichenen Text, durch eine gerade oder geschwungene Linie zur Anschlussstelle zu führen. Den eingestrichenen, aber auch partiell abgeänderten und unter Umständen ergänzten Text bezeichnet man als die Strichfassung des einzustudierenden Stückes.

Studienleiter
Dieser Korrepetitor ist für die Einteilung aller an einem Theater beschäftigten Korrepetitoren verantwortlich und koordiniert die Proben. Unterstellt ist er unmittelbar dem Generalmusikdirektor.

Stufenlinsenscheinwerfer ➤ Fresnel

Stumme Jule
nennt man eine gespielte tonlose Unterhaltung, mitunter auch kleine pantomimische Aktionen im Hintergrund des Spielgeschehens. Auch wenn Akteure die Repliken ihrer Mitspieler in übertriebenem Maß gestisch begleiten und kommentieren, machen sie eine »stumme Jule«.

Suspensorium
Nicht nur, weil sich normale Unterwäsche unter dem Trikot bzw. der Tanzhose abzeichnen und so die Silhouette beeinträchtigen würde, tragen männliche Tänzer ein sogenanntes Suspensorium. Die verstärkte Vorderseite, die von einem breiten Hüftgurt und, ähnlich wie bei Thongs, von einem dünnen String gehalten wird, fixiert die Genitalien in einer bestimmten Position – das lateinische *suspensus* bedeutet emporgehoben, aufgerichtet – und gibt ihnen Schutz. Die Choreografin Felicitas Binder von der Deutschen Oper erklärte das im Interview mit der *taz* so: »Bim-bam! Bim-bam! Damit die Glocken nicht läuten. Das würde ordentlich wehtun, das muss schon gehalten werden.« Tänzer sprechen im Jargon von »Susis«, englisch nennt man sie *dance belts*.

Szene
Viele Stücke sind in Akte eingeteilt, die in einzelne Szenen und/oder Auftritte gegliedert sind; in französischer Tradition wird der Begriff Szene oft gleichbedeutend mit Auftritt verwendet. Das Wort kommt vom altgriechischen *skene*, mit dem man eine unter anderem als Träger für Bühnenbilder dienende Holzhütte am Rande der *orchestra* bezeichnete. So wird Szene auch als Synonym für Bühne gebraucht, etwa wenn von einem »Umbau auf offener Szene« die Rede ist.

Szenenapplaus
Beifall, der als spontane Reaktion auf eine besondere Leistung erfolgt, etwa am Ende einer Arie oder eines Monologs. Manche Regisseure planen an solchen Stellen bewusst eine kleine Zäsur ein, um Szenenapplaus zu ermöglichen – auf diese Weise aber auch herauszufordern. Gelegentlich spendet das Publikum nach dem Öffnen des Vorhangs auch einem besonders eindrücklichen Bühnenbild Szenenapplaus.

Szenenproben
Auf die Konzeptions-, Lese und Stellproben folgen die Szenen- oder Stückproben, die den größten Teil der Probenarbeit einnehmen. Sie dienen der detaillierten Arbeit an Rolle und Ausdruck, sprachlichen, gestischen und mimischen Feinheiten, Rhythmus und Timing.

Tantieme
Als Vergütung für die Wiedergabe eines Werkes, also beispielsweise die Aufführung eines Schauspiels oder einer Oper, muss eine Abgabe an die Urheber, d.h. die Komponisten, Autoren und Übersetzer bzw. bis 70 Jahre nach dem Tod an deren Erben abgeführt werden, im Normalfall an einen Theaterverlag, der etwa 25 Prozent davon einbehält und den Urhebern 75 Prozent – bei fremdsprachigen Stücken dem Autor 50, dem Übersetzer 25 Prozent – überweist. Diese Aufführungsgebühr (meist im Plural Tantiemen verwendet) oder bürokratisch korrekt: Urheberabgabe, beträgt mindestens 13 und höchstens 17, bei Privattheatern 10 Prozent der Roheinnahmen. Letztere müssen mindestens 80 Prozent der Karteneinnahmen einschließlich des Anteils an Platzmieten und Platzzuschüssen ausmachen; davon abgezogen werden aber zum Beispiel die Systementgelte, die Kosten für das öffentliche Ticket des Nahverkehrs und die Aufwendungen für die Garderoben. Berechnet wird die Urheberabgabe nach einem festgesetzten

Betrag pro Besucher und Vorstellung, dessen Höhe sich bei Theatern der öffentlichen Hand (also Stadttheatern, Landesbühnen und Staatstheatern) nach deren »künstlerischem Etat« richtet. Dazu sind diese Bühnen in sieben Gruppen eingeteilt. Die Theater der Gruppe I, wie zum Beispiel die Hamburgische Staatsoper, müssen pro Besucher mehr als das Zweieinhalbfache bezahlen wie die Bühnen der Gruppe VII, zu der etwa die Theater in Baden-Baden, Halberstadt oder Osnabrück gehören. Für kleinere Spielstätten sind – ebenfalls nach Gruppen gestaffelte – Garantiesummen zu entrichten.

In der Schweiz ist eine Urhebervergütung in Höhe von 15 Prozent der Roheinnahmen üblich, in Österreich eine Bühnentantieme von 14 Prozent.

Tanzboden
Zwar bezeichnet man als Tanzboden auch den flächenelastischen Schwingboden aus Parkett, der, mit einer Elastikschicht zum Beispiel aus Polyurethanschaum versehen, im Ballettsaal die Belastungen auf den Bewegungsapparat der Tänzer minimieren soll, doch meist versteht man darunter eine beidseitig verwendbare, nicht reflektierende, rutschfeste PVC-Folie, auch Tanzteppich genannt. Ihre einzelnen auf der Bühne verlegten schwarzen, weißen oder farbigen Bahnen werden am Bühnenboden mit doppelseitigem Klebeband fixiert und auf der Oberfläche mit farblich passendem Klebeband miteinander verbunden, können aber auch verschweißt werden. Die Trittelastizität des Tanzbodens kann durch einen darunter verlegten Tanzbodenunterbelag erhöht werden.

Tänzer ➤ Ballett

Tapezierer
Er klebt nicht etwa Tapeten auf die Kulissenwände, sondern ist für alle Polsterarbeiten zuständig, fertigt Gardinen und Vorhänge an, platziert die benötigten Möbel auf der Probebühne bzw. auf der Bühne (weswegen man ihn mancherorts auch Möbler nennt), und verwaltet den Möbelfundus.

Tarifvertrag
An den bundesdeutschen Theatern in öffentlicher Trägerschaft existieren für das künstlerische Personal im Prinzip zwei Tarifverträge: der

Normalvertrag (NV) Bühne, abgeschlossen zwischen dem Deutschen Bühnenverein und der Genossenschaft Deutscher Bühnen-Angehöriger, und der Tarifvertrag für die Musiker in Kulturorchestern (TVK), der zwischen dem Deutschen Bühnenverein und der Deutschen Orchestervereinigung ausgehandelt wird. Für die nichtkünstlerisch Beschäftigten gelten die Tarifverträge des öffentlichen Dienstes, beispielsweise gilt für die Verwaltungsangestellten der Bundes-Angestellten-Tarifvertrag (BAT).

Darüber hinaus hat der Deutsche Bühnenverein für einige Mitgliedsunternehmen sogenannte Haustarifverträge – in der Regel mit dem Verzicht auf bestimmte Vergütungsbestandteile – abgeschlossen, auch für einige Orchester existieren spezielle Haustarifverträge. Bühnen, die nicht dem Deutschen Bühnenverein angehören, arbeiten nach individuellen Regelungen.

In der Schweiz schließen der Schweizerische Bühnenverband und der Schweizerische Bühnenkünstlerverband den Gesamtarbeitsvertrag für das künstlerische Solopersonal (GAV Solo) ab. In Österreich werden die entsprechenden Verträge zwischen dem Wiener Bühnenverein bzw. dem Theatererhalterverband österreichischer Bundesländer und Städte und dem Österreichischen Gewerkschaftsbund vereinbart. Die Bühnenmitglieder sind darin eingeteilt in die drei Gruppen Vorstände (u. a. Regisseure, Bühnenbildner, Dramaturgen, Kapellmeister, Korrepetitoren), darstellendes Personal (Solisten, Chor- und Ballettkorpsmitglieder) und szenischer Dienst (u. a. Assistenten, Souffleure, Inspizienten); ihre Einzelverträge werden gemäß den Kollektivverträgen als sogenannte Bühnendienstverträge abgeschlossen.

TE ➤ Technische Einrichtung

Technische Einrichtung

Die spezielle Einrichtung der für eine Inszenierung erforderlichen Bühnentechnik (also etwa eines Flugwerks oder einer Drehscheibe) und den erstmaligen Aufbau der vollständigen Originaldekorationen auf der Bühne nennt man Technische Einrichtung, kurz TE. Meist findet sie etwa eine Woche vor der Premiere statt und wird unmittelbar von der Beleuchtungsprobe gefolgt.

Technischer Direktor
Er organisiert, kontrolliert und verantwortet alle technischen Abläufe, sorgt für das ordnungsgemäße Funktionieren der Bühnentechnik und trägt die Verantwortung für die Einhaltung der Sicherheitsvorschriften. Dazu arbeitet er eng mit dem Disponenten und dem Ausstattungsleiter zusammen, im Hinblick auf die Erstellung eines Haushaltsplans mit dem Verwaltungsdirektor, bezüglich der sicherheitstechnischen Fragen unter anderem mit dem Bauamt, das alle Bühnenbauten abnehmen muss, und der Feuerwehr. Er prüft die Entwürfe der Bühnenbildner auf ihre technische und finanzielle Realisierbarkeit, plant die Umsetzung, koordiniert unter Umständen den Einsatz von Fremd- und Zulieferfirmen und erstellt detaillierte Arbeitspläne für die technischen Abteilungen und Werkstätten, welche ihm alle unterstellt sind: Der technische Direktor ist Dienstvorgesetzter des größten Teils der Theatermitarbeiter. An großen Häusern wird er durch einen ihm untergeordneten Werkstättenleiter sowie einen oder mehrere Assistenten unterstützt.

Teilspielzeitvertrag
Im Gegensatz zum Spielzeit- oder Jahresvertrag erstreckt er sich, wie der Name sagt, nur auf einen Teil der Saison. Dennoch ist der Künstler in den Theaterbetrieb eingegliedert und folglich nicht selbständig, sondern gilt – anders als unter Umständen bei Abschluss eines Gastvertrags – als abhängig beschäftigt und unterliegt damit der gesetzlichen Sozialversicherungspflicht.

In Österreich heißen Verträge, die vor dem Ende einer Spielzeit ablaufen oder nach dem 31. Januar für die restliche Spielzeit begründet werden, Externistenverträge und können frei vereinbart werden.

Theateralmanach ➤ Deutsches Bühnen-Jahrbuch

Theaterkasse
An der Billett- oder Theaterkasse erwirbt man Eintrittskarten entweder im Vorverkauf, der an einem bestimmten Tag des Vormonats oder eine bestimmte Anzahl von Wochen vor der jeweiligen Vorstellung beginnt, oder an der meist eine Stunde vor Vorstellungsbeginn öffnenden Abendkasse. Während die Vorverkaufs- oder Tageskasse nicht selten in einem anderen Gebäude domiziliert ist, befindet sich die Abendkasse im Theater bzw. am Eingang der jeweiligen Spielstätte.

Theaterpädagoge

Der an einem Theater beschäftigte Theaterpädagoge vermittelt zwischen diesem und Bildungseinrichtungen wie Kindergärten, Schulen und Volkshochschulen und unterstützt deren Lehrkräfte bei der Vor- und Nachbereitung von Theaterstücken. Darüber hinaus betreut er die Jugendclubs des Theaters, Seniorentheatergruppen oder spezielle integrative Projekte.

Theatertreffen

Seit 1964 wählt eine Jury aus Theaterkritikern und Theaterschaffenden alljährlich die zehn »bemerkenswertesten Inszenierungen« der letzten Saison aus, die dann im Mai beim Berliner Theatertreffen gezeigt werden, veranstaltet von der Berliner Festspiele GmbH und gefördert von der Kulturstiftung des Bundes. Im Rahmen des Berliner Theatertreffens werden seit 1988 der mit 20 000 Euro dotierte Theaterpreis Berlin der Stiftung Preußische Seehandlung an Personen, die Herausragendes für das deutschsprachige Theater geleistet haben, und seit 1991 der mit 5000 Euro dotierte Alfred-Kerr-Darstellerpreis für einen in einer der eingeladenen Inszenierungen mitwirkenden Nachwuchskünstler verliehen. Der mit 10 000 Euro dotierte 3sat-Preis zeichnet seit 1997 einen oder mehrere der Eingeladenen für eine »richtungsweisende, künstlerisch-innovative Leistung« aus.

Das Theatertreffen deutschsprachiger Schauspielstudierender hingegen wird seit 1990 alljährlich Ende Juni turnusgemäß von den 17 in der Ständigen Konferenz Schauspielausbildung (SKS) vertretenen Schauspielausbildungsstätten aus Deutschland, Österreich und der Schweiz ausgerichtet und dient dem Austausch und dem gegenseitigen Kennenlernen. Die Ausbildungsstätten nominieren jeweils eine studentische Produktion für den Wettbewerb; eine Jury entscheidet über die Vergabe von Förderpreisen, für die das Bundesministerium für Bildung und Forschung insgesamt 20 000 Euro zur Verfügung stellt.

Toitoitoi

Vor einer Premiere spuckt man, sofern der andere bereits einen Teil seines Kostümes trägt, dreimal über die linke Schulter – auf der dem Volksglauben nach der Teufel sitzt, der durch das Spucken vertrieben werden soll –, oder sagt »toi, toi, toi«, wobei der Ruf, der vom unheilbannenden »Teufel, Teufel, Teufel« abgeleitet ist, das Spucken lautmalerisch andeutet. Beantwortet werden darf dies auf keinen Fall mit »danke«, denn das würde nach einem unter Bühnenkünstlern weit verbreiteten Aberglauben Unglück bringen. Man erwidert also: »Wird schon schiefgehen!«, »Soll gelten!« oder »Hals- und Beinbruch!« (eine Verballhornung des Jiddischen *hazloche un broche*: Erfolg und Segen), seltener »Auch dir eine schöne Vorstellung!« – worauf man möglicherweise von älteren Kollegen gerügt wird, man wünsche nie eine schöne, sondern stets eine gute Vorstellung. In Italien muss man auf die Wendung »In bocca al lupo!« (»Dem Wolf in den Mund!«) antworten: »Crepi il lupo!« (»Der Wolf soll sterben!«), die Engländer wünschen »Break a leg!«, die Franzosen und, ungeachtet ihrer Muttersprache, viele Balletttänzer »Merde!« (zu Deutsch: Scheiße, daher manchmal vornehm umschrieben mit »Je te dis les cinq lettres!«, »Ich sage dir die fünf Buchstaben!«), die Spanier und Portugiesen gleich »Muita Merda!« bzw. »¡Mucha mierda!« (also viel Scheiße): In früheren Zeiten, als die Zuschauer noch in Pferdekutschen zum Theater fuhren, signalisierten viele Pferdeäpfel vor dem Eingang nämlich ein volles Haus.

Tonmeister

Er ist für alles zuständig, was man aus Lautsprechern hört: Vorproduzierte akustische Effekte oder Musiksequenzen, die während einer Aufführung eingespielt werden (weshalb er den Umgang mit computergestützten Aufnahme-, Schnitt- und Zuspielsystemen beherrschen muss), aber auch Live-Töne, die durch Drahtlossysteme wie Mikroports aufgefangen und elektronisch verstärkt sowie unter Umständen verändert wiedergegeben werden. Er baut die notwendigen Beschallungsanlagen auf und bedient die analogen oder digitalen Mischpulte. An fast allen Theatern fällt auch die Betreuung der Videoübertragungsanlage, die das Bühnengeschehen bzw. den Dirigenten auf Monitoren sichtbar macht, in seinen Zuständigkeitsbereich, ebenso allfällige Video- oder Filmprojektionen bei Aufführungen. Der Tonmeister ist der Leiter der Abteilung für Tontechnik, dem die ihn unterstützenden weiteren Tontechniker unterstellt sind.

Tournee

Geht die Produktion eines Theaters auf eine Gastspielreise, absolviert man also mehrere Gastspiele hintereinander, spricht man von einer Tournee, etwa der berühmten »Welttournee« des Wiener Burgtheaters 1968. Als Tourneetheater bezeichnet man hingegen jene privaten Theaterunternehmen, die über keine feste Spielstätte verfügen, sondern ihre Produktionen ausschließlich auf Gastspielen zeigen, meist in Bespieltheatern. Sie verfügen über kein festes Ensemble, sondern engagieren produktionsbezogen die erforderlichen Regisseure, Ausstatter und Schauspieler, darunter oftmals einen zugkräftigen Star, »bekannt aus Film, Funk und Fernsehen«.

Triumphgemüse ➤ Applaus

Tryout ➤ Voraufführung

Türme
Die Säulen links und rechts des Portals nennt man Portaltürme oder kurz Türme. In ihnen können, verdeckt für den Zuschauer, Scheinwerfer aufgehängt werden.

Tutu
Dieses Röckchen aus mehreren Tüllschichten gilt seit dem 19. Jahrhundert als das Kostüm der klassischen Balletttänzerin. Ursprünglich glockenförmig und dreiviertellang, wurde das Tutu (ausgesprochen »Tütü«) im Laufe der Jahrzehnte immer kürzer, was einerseits größere Sprünge ermöglicht, andererseits die Beine besser zur Geltung bringt. Das meist mit Reifen getragene Pfannkuchen-Tutu ist steif und erstreckt sich von der Taille parallel zum Boden, weniger sperrig ist das aus weicherem Tüll bestehende Puderquasten-Tutu.

TVK ➤ Tarifvertrag

UA ➤ Uraufführung

Übernahme
Wird eine Inszenierung, die ursprünglich an einem anderen Haus erarbeitet und gezeigt wurde, in den Spielplan des Theaters aufgenommen, spricht man von einer Übernahme. Dies geschicht vor allem bei Leitungswechseln, wenn der neue Intendant neben einigen Solomitgliedern auch ganze Produktionen mit an sein neues Haus bringt. Ebenso kann ein Darsteller eine Rolle oder Partie, die bisher ein Kollege gespielt hat, von diesem übernehmen.

Überspielen
Überspielt man einen Hänger oder eine Bühnenpanne, täuscht man durch sein Spiel geschickt darüber hinweg, damit der Zuschauer möglichst nichts davon bemerkt. Überspielt man seine Partner, so spielt man sie »an die Wand«, indem man sich zu sehr »in den Vordergrund spielt«, »auf die Tube drückt«, »dem Affen Zucker gibt«, sich als »Kulissenreißer« oder gar als »Rampensau« aufführt. Nur selten ist vom Überspielen einer Rolle oder einer Szene die Rede, man bemerkt entweder lobend, der Schauspieler habe sie »voll ausgespielt«, oder rügt sein Overacting.

Überspielgeld
kann ein Darsteller zusätzlich zur Gage erhalten, wenn eine vertraglich vereinbarte Zahl von Vorstellungen überschritten worden ist, also beispielsweise ab der 46. Vorstellung einer Saison.

Umbau ➤ Verwandlung

Umbesetzung
Auf die dankbar-freudige Nachfrage des Schauspielers: »Was hab ich *gut umgesetzt?*«, erwidert der Regisseur: »Umgesetzt? Sie sind *umbesetzt!*« Von Umbesetzung spricht man, wenn ein Schauspieler oder Sänger in einer bestimmten Rolle oder Partie durch einen anderen ausgewechselt wird. Während der Proben kann dies geschehen, weil der Regisseur der Meinung ist, dass ein Darsteller den Anforderungen nicht genüge. Mitunter bittet aber auch dieser, unzufrieden mit seiner Aufgabe oder dem Inszenierungskonzept, um seine Umbesetzung, gibt also, wie es heißt, seine Rolle zurück. Umbesetzungen laufender Vorstellungsserien geschehen im Schauspiel fast nur bei Krankheit; im Musiktheater sind sie üblich, da viele Künstler nur für einige wenige Vorstellungen zur Verfügung stehen, die Inszenierung aber länger im Repertoire bleibt. En suite gespielte Produktionen werden häufig mit einer Zweitbesetzung einstudiert. Umbesetzungen beim Musical spielen gewöhnlich am Nachmittag vor ihrer ersten Vorstellung in Kostüm und Maske einen *put-in* genannten Durchlauf, bei dem ihre schon länger verpflichteten Kollegen Privatkleidung tragen.

Understudy ➤ Zweitbesetzung

Untermaschinerie ➤ Bühnentechnik

Unterspielen
ist eine Lehnprägung des englischen *to underact* und meint den Verzicht auf Effekthascherei, die Abkehr von jeglichem Pathos, eine reduzierte, unprätentiöse, meist realistische oder naturalistische Darstellungsweise, die eine Szene oder Rolle nicht wirkungsorientiert »voll ausspielt«, sondern sich bewusst mit Andeutungen begnügt. Unterspielen (oder »wegsprechen«) kann man dramatische Situationen, die Bedeutsamkeit eines Textes oder dessen Sprachstil, etwa die gebundene Sprache klassischer Dramen oder die expressionistische Emphase, aber auch Gags und Pointen. Als Unterspielen bezeichnet man gelegentlich aber auch die unbeabsichtigt allzu reduzierte Gestaltung einer Rolle aus schauspielerischer Schwäche.

Uraufführung
Die erstmalige Wiedergabe eines Werkes überhaupt nennt man seine Uraufführung, auf dem Spielplan mit UA abgekürzt. Der werbeträchtige Begriff »Welturaufführung« ist also eine Tautologie und ebenso unsinnig wie die »deutsche Uraufführung«: Die erstmalige Aufführung eines bereits im Ausland gespielten Werkes in der Bundesrepublik heißt »deutsche Erstaufführung«, wird ein Stück erstmals auf Deutsch gespielt, spricht man von der »deutschsprachigen Erstaufführung«.

Utilité
Als Utilité (französisch *utilité* = Nützlichkeit) bezeichnet man einen Schauspieler, der auf kein bestimmtes Fach festgelegt, sondern für viele verschiedene, meist kleinere Rollen verwendbar ist. Die für das Kunstfach Grande Utilité (die Bezeichnung ist immer weiblich!) engagierten, vielseitigen und versierten Darsteller übernehmen auch Hauptrollen.

Verfolger
Dieser lichtstarke Profiler dient dazu, einen Schauspieler, Sänger oder Tänzer hervorzuheben und ihm in seinen Bewegungen zu folgen – automatisch gesteuert mittels eines Sensors, im Regelfall aber manuell bedient. Er ist häufig mit mehreren Farbfolienrahmen, die mechanisch ins Licht hineingefahren werden können, oder mit vom Stellwerk aus anzusteuernden Rollfarbwechslern bestückt. Zudem besitzt er ein spezielles Hitzeschutzblech, um den Verfolgerfahrer, also den Beleuchter,

der ihn bedient, vor der abstrahlenden Wärme zu schützen. Positioniert werden Verfolger unter anderem in Logen, in den Ecken der Ränge, frontal gegenüber der Bühne und auf der sogenannten Z-Brücke: einer Beleuchtungsbrücke über dem Zuschauerraum.

Verriss

»Ich sitze im kleinsten Raum des Hauses. Ihre Kritik habe ich vor mir. Bald werde ich sie hinter mir haben«, schrieb einst der Komponist Max Reger einem Musikkritiker. Erhält man eine ausgesprochen schlechte Kritik, wird man vom Rezensenten »verrissen«. Da heißt es, eine Inszenierung sei »ein quälend präpotenter, eitel selbstgefälliger Abend« oder gar »Mord am Werk, Mord am Theater«, ein stil- und witzsicherer Großschreiber urteilt, Regie geführt habe »unter den geistesfernen Regisseuren die schlichteste Kraft«, ein anderer konstatiert schlicht: »Den Namen des Regisseurs braucht man nicht zu erwähnen, weil er sowieso nie mehr auftaucht.« Aber auch wer nur lesen muss, er habe ein Stück »rechtschaffen« inszeniert, wird das wohl nicht gerade als Hymne empfinden, zumal Theaterrezensionen nicht nur über den wirtschaftlichen Erfolg einer Aufführung mitentscheiden, sondern mitunter auch über die Karrieren der beteiligten Künstler. Ein Verriss ist oft polemisch, kann deftig sein, bösartig, grausam und gnadenlos, geistreich oder platt – gleichgültig wird er den Kritisierten indes nur selten lassen. Die an der Wiener Burg tätige Schauspielerin Käthe Dorsch, die 1956 nach einem Verriss den Kritiker Hans Weigel öffentlich ohrfeigte, wurde von diesem wegen »tätlicher Ehrenbeleidigung« verklagt, zugleich stellte er den Antrag, sie auf ihren Geisteszustand zu untersuchen. Ihr Kollege Raoul Aslan, der im Prozess als Zeuge aussagte, forderte nicht nur, Weigel unverzüglich aus Österreich auszuweisen, sondern erklärte sogar, »er würde die Todesstrafe dafür verdienen«. Wie weise hingegen Helene Thimig: »Wenn sich das einbürgert, dass man für schlechte Kritiken Ohrfeigen verteilt, so sind die Folgen unabsehbar. Da werden dann Schauspielerinnen für gute Kritiken dem Kritiker eben Liebesnächte schenken müssen.«

Versatz

Spricht ein Beleuchter von einem Versatz, meint er Steckdosen mit Dimmerkanal, an die Scheinwerfer angeschlossen und vom Stellwerk aus geregelt werden können. Die einzelnen Versätze sind üblicherweise mit einer dreistelligen Zahl nummeriert, und so bedeutet der Zuruf auf der Beleuchtungsprobe »Zieh mal die 144 auf 70!«, dass der an den Versatz 144 angeschlossene Scheinwerfer mit 70-prozentiger Kraft leuchten soll.

Versatzstück
Ein bewegliches, leicht zu transportierendes, also versetzbares Teil des Bühnenbildes, das im Gegensatz zum Hänger auf die Bühne gestellt wird, wie etwa eine Sperrholzwand oder ein Busch.

Versenkung
Oft sind es Hexen, Dämonen oder der Teufel höchstselbst, die in der Versenkung verschwinden. So nennt man einen Teil der Bühnen-, Spiel- oder Szenenfläche, der senkrecht oder gegen die Senkrechte geneigt bewegt werden kann. Der unter einer Klappe angebrachte Hubmechanismus ermöglicht neben Auftritten und Abgängen von der Unterbühne selbstverständlich auch das Erscheinen und Verschwinden von Dekorationsteilen, Möbeln oder Requisiten, also zum Beispiel eines gedeckten Tisches.

Verwaltungsdirektor
Der Verwaltungsdirektor, der auch den Titel Kaufmännischer Direktor oder Geschäftsführender Direktor tragen kann, ist in enger Zusammenarbeit mit dem Intendanten für die Finanzen und damit die Wirtschaftlichkeit des Theaters sowie für alle juristischen Belange verantwortlich. Er erstellt das Budget, kontrolliert die Einnahmen und Ausgaben, beantragt Subventionen und versucht, Sponsoren zu gewinnen.

Verwandlung
Verändert sich das Bühnenbild, sei es durch Einsatz der Bühnentechnik oder den manuellen Umbau durch Bühnenhandwerker, sei es hinter geschlossenem Vorhang oder für den Zuschauer sichtbar, spricht man von einer Verwandlung.

Vignette ➤ Gobo

Voraufführung
Wird eine Inszenierung noch vor der offiziellen Premiere nicht etwa nur im Rahmen einer öffentlichen Generalprobe, sondern mehrmals gezeigt, nennt man diese Vorstellungen, die es fast ausschließlich im

En-suite-Betrieb gibt, Voraufführungen. Am Broadway und im West End veranstaltet man solche *Previews* oft über mehrere Wochen, zudem kennt man dort sogenannte *Tryouts*, die an einem anderen Ort stattfinden, also nicht in New York, sondern in Städten wie Boston oder Detroit. Aufgrund der Publikumsreaktionen wird die Inszenierung überarbeitet – oder, falls der Erfolg ganz ausbleibt, die Premiere abgesagt.

Vorbühne ➤ Proszenium

Vorderhaus
Zum sogenannten Vorderhauspersonal gehören das Kassenpersonal, die Schließer und das Garderobenpersonal, das die Mäntel und Taschen der Zuschauer verwahrt.

Vorhang
Für die Zuschauer wohnt dem traditionell dunkelroten Theatervorhang Magie inne, verbirgt oder eröffnet er doch ganze Welten. Die Bühnenangehörigen hingegen nennen ihn gerne profan den »Fetzen« oder »Lappen«, und eines ihrer ehernen Gesetze lautet: »Der Lappen muss hochgehen.« Dieser hinter dem Eisernen, vor dem Decker und dem Schleier in der Nullgasse hängende Haupt- oder Spielvorhang kann sich freilich auf ganz unterschiedliche Arten öffnen: Der deutsche Vorhang wird wie ein Prospekt ungeteilt zum Schnürboden gezogen, gibt also beim Öffnen als Erstes den Blick auf die Füße der Darsteller frei. Auch der Wolkenvorhang öffnet sich durch Hochziehen, doch ist er wie eine Jalousie konstruiert, d. h., der Stoff rafft sich oben zusammen. Mittig teilen sich hingegen der griechische Vorhang, dessen Hälften horizontal zur Seite gezogen werden, der italienische Vorhang, dessen Hälften diagonal zu den beiden oberen Portalecken gezogen werden, aber oben geschlossen bleiben, und der französische Vorhang, der ähnlich wie der Wagner-Vorhang mit zwei kombinierten Zügen sowohl nach oben als auch diagonal aufgezogen wird. Die sogenannte Brecht-Gardine wird mit Ringen auf einem Seil oder Draht geführt und nur nach einer Seite hin aufgezogen. Wie oft der Vorhang beim Applaus am Ende der Vorstellung geschlossen und wieder geöffnet wird, gilt als Indikator für den Erfolg. Die Zahl der »Vorhänge« ist also von Bedeutung, und so versucht man gelegentlich, durch eine geschickte und perfekt getimte Applausordnung Vorhänge zu »schinden«.

Am Wiener Burgtheater war man in Zeiten der Monarchie der Meinung, es sei unter der Würde der k.u.k. Hofschauspieler, sich vor dem gemeinen Volk zu verbeugen. So durften nur Gäste und Debütanten bei ihren ersten drei Rollen den Applaus vor dem Vorhang entgegennehmen. Da man in Österreich bekanntlich Traditionen liebt, wurde dieses sogenannte Vorhangverbot rund zweihundert Jahre beibehalten und erst im Jahr 1983 aufgehoben.

Vorsprechen

Was im Film- und Fernsehbereich Casting heißt, nennt man am Theater Vorsprechen, Vorsingen und Vortanzen, beim Musical ist von *auditions* die Rede.

Auf einer Probebühne, seltener im eigentlichen Theater, erhalten die zum Vorsprechen eingeladenen Schauspieler die Gelegenheit, dem Intendanten bzw. Spartenleiter, Dramaturgen oder Regisseuren des Hauses ihr Vorsprechprogramm zu präsentieren. Es ist aus sogenannten Vorsprechrollen zusammengestellt: kurzen Monologen aus Stücken möglichst unterschiedlicher Epochen und Genres. Weniger einseitig ist ein »Arbeitsvorsprechen«, bei dem der Regisseur mit dem Vorsprechenden an einem dieser Monologe arbeitet, also die Interpretation der Figur bzw. deren Haltung verändert, eine andere Grundsituation oder Temperatur vorgibt oder ihn zum Improvisieren auffordert, und das beiden Beteiligten die Möglichkeit bietet, sich wenigstens ansatzweise in der Arbeit kennenzulernen. Analog laufen das Vorsingen oder Vortanzen ab, Musicaldarsteller werden mitunter aufgefordert, für die Audition einen bestimmten Song vorzubereiten. Kommen sie in die engere Wahl und sollen sich ein zweites Mal präsentieren, ist das der sogenannte *call back*; anders als bei der ersten *audition* handelt es sich in der Regel um eine Art Arbeitsvorsprechen. Vor allem im angloamerikanischen Raum verbreitet sind *cold readings*, bei denen die Schauspieler einen nicht vorbereiteten Text lesen müssen.

Viele Schauspielschulen veranstalten am Ende der Ausbildungszeit ein »Intendantenvorsprechen«: Der gesamte Absolventenjahrgang präsentiert sich den angereisten Theaterleitern nicht nur in Monologen, sondern auch in Partnerszenen. Um letztere weiterhin zeigen zu können, gehen viele ein Anfängerengagement suchende Absolventen mit Partnern oder gar in Gruppen auf »Vorsprechtournee«, also zu Vorsprechen an verschiedenen Theatern.

Vorstellungshonorar ➤ Gage

Vorstellungsprotokoll
Jede Aufführung eines Theaters wird in einem Vorstellungsprotokoll oder dem Vorstellungsbuch dokumentiert (englisch: *show report*). Der Inspizient trägt darin Anfang und Ende der Vorstellung ein, die Dauer des Applauses und die Zahl der Vorhänge sowie besondere Vorkommnisse wie technische Probleme oder verpasste Auftritte. An manchen Häusern fertigt der Abendspielleiter das Vorstellungsprotokoll an, der es aber in jedem Fall unterzeichnen muss, wie auch, falls beteiligt, der Dirigent der Vorstellung. Später parafieren es der Intendant, der zuständige Spartenleiter, der Disponent und der Technische Direktor.

Vortänzer ➤ Ballett

Vorverkauf ➤ Theaterkasse

WA ➤ Wiederaufnahme

Wackler ➤ Moving Lights

Wahlabonnement ➤ Abonnement

Wand
»An die Wand spielen« nennt man – meist lobend gemeint – das Überflügeln eines Kollegen durch größeres Können, zumindest aber durch die eindrücklichere Gestaltung einer bestimmten Rolle. Ein eisernes Theatergesetz warnt vor Kindern und Tieren als Bühnenpartnern, da sie jeden an die Wand spielen, ihm also, neudeutsch gesagt, die Show stehlen würden.

Wattieren
»Da strömt schon wieder einer!«, zitiert man Franz und Paul von Schönthans RAUB DER SABINERINNEN, wenn sich nur vereinzelte Zuschauer dem mäßig besuchten Theater nähern. Füllt man solch eine schlecht verkaufte Vorstellung – »Einige Plätze sind recht gut besetzt«, lautet eine beliebte Redewendung – durch Verschenken von Freikarten auf, um etwa bei einer Premiere den Eindruck zu erwecken, sie stoße auf großes Interesse, »wattiert« man das Haus.

Wattons

»Von Stunde zu Stunde gewartet er mit hoffender Seele der Wattons. Dein Sohn nämlich! Ich kann ja ohne Wattons nicht spielen, alle neunundneunzig Donnerwetter! Schicke mir meine Wattons! Das Repertoire wurde geändert, in 3 Tagen soll ich neben dem Lorle stehen! Um aller Heiligen willen. Schicke mir die verfluchten Wattons«, flehte der junge Schauspieler Josef Kainz seinen Vater an. Es war damals üblich, Kostüme mit Wattepolstern, sogenannten Wattons, auszustopfen, um dünne Beine oder eine schmächtige Brust zu kaschieren und den Eindruck von »Heldenwaden« oder einer »Heldenbrust« und damit einer athletischeren Statur zu erzielen. Da jene Wattepolster an den Beinen gerne verrutschten, nannte man sie im Bühnenjargon auch »Wanderwaden«. Wattieren kann man prinzipiell alle Kostümteile: Bauch- und Gesäßwattons etwa lassen schlanke Darsteller korpulent erscheinen, und die in den letzten Jahren viel gespielte Männerstrip-Komödie LADIES NIGHT führte zum Wunsch einiger von der Natur benachteiligter Darsteller, man möge die entscheidende Stelle ihres Tangas wattieren. Oft wird das zur Aufpolsterung dienende Wattematerial aber auch auf einem eng anliegenden Trikot bzw. zwischen zwei Trikotschichten aufgebracht und unter dem eigentlichen Kostüm getragen.

Wegsprechen ➤ Unterspielen

Werkstätten

Zu ihnen gehören die Schreinerei oder Tischlerei, die Schlosserei, der Malersaal, die Werkstätten der Kascheure und der Tapezierer, an größeren Theatern zudem der Arbeitsplatz des Rüstmeisters, der metallene Rüstungen, Waffen, Helme und Kronen, aber beispielsweise auch Metallkonstruktionen für Reifröcke herstellt und für die Pyrotechnik zuständig ist (an kleineren Bühnen sind damit die Requisiteure betraut). Diese Werkstätten – nicht aber die Kostümabteilung mit Schneiderei, Schuhmacherei etc. – werden von einem Werkstattleiter geführt, der wiederum dem Technischen Direktor untersteht. An etlichen Bühnen sind die Werkstätten nicht im Theatergebäude selbst zu finden, sondern aus Platzgründen ausgelagert, andere lassen die Ausstattung durch Fremdfirmen herstellen.

Werkvertrag ➤ Gastvertrag

Wiederaufnahme

Wird eine Inszenierung in einer weiteren Saison oder nach einer sonstigen längeren Unterbrechung wieder gezeigt, spricht man von einer Wiederaufnahme (abgekürzt: WA) im Gegensatz zu einer Neueinstudierung oder Neuinszenierung desselben Werkes. Während Konzept, Bühnenbild und Kostüme bei einer Wiederaufnahme unverändert bleiben, kommt es vor allem im Musiktheater häufig zu Umbesetzungen einzelner Partien. Die Wiederaufnahmeproben werden oftmals nicht vom Regisseur selbst, sondern vom Regieassistenten geleitet.

Windmaschine

Das recht starke Geräusch moderner Windmaschinen, also elektrisch angetriebener Ventilatoren, die Luftströme auf die Bühne blasen, wird im Theater als störend empfunden. Erwünscht ist hingegen jenes der traditionellen Windmaschine: Segeltuch oder Leinen, das um eine aus Latten und Sperrholz gebaute, per Handkurbel zu drehende Trommel mit etwa 80 cm Durchmesser gespannt ist, erzeugt durch Reibung das Geräusch eines heulenden Sturms – diese Windmaschine ist genau genommen eine Windgeräuschmaschine. Weitere, auch im Zeitalter der digitalen Toneinspielungen noch gelegentlich verwendete Effektinstrumente sind das Donnerblech, eine rechteckige Blechtafel mit zwei Griffen, die beim Verbiegen eine Art Donnergrollen erzeugt, und das mit Erbsen gefüllte Regensieb. Eine ganze Reihe weiterer Geräuschinstrumente sind kaum noch in Gebrauch, beispielsweise die einer Startklappe ähnliche Schusslatte und die Kokosnusshälften, mit denen man Pferdegetrappel imitierte. Noch regelmäßig benutzt wird hingegen der Scherbeneimer, ein mit Glasscherben oder Blechstücken gefüllter Behälter, der beim Schütteln das Geräusch von zerbrechendem Glas oder Porzellan erzeugt.

Wurzen

Zwar wird auch im sächsischen Wurzen gelegentlich Theater gespielt, doch wer eine Wurzen-Rolle, kurz: »eine Wurzen«, spielt, meint damit nicht nur im bayerisch-österreichischen Raum eine undankbare Kleinstrolle und damit das Gegenteil einer umfangreichen und effektvollen »Bombenrolle«, in der man »abräumen« kann. Der Curio in Shakespeares Was ihr wollt beispielsweise kommt in der ersten Szene des ersten Aktes auf die Bühne und fragt: »Wollt ihr nicht jagen, gnäd'ger Herr?« Auf die Replik des Herzogs »Was, Curio?« hat er zu antworten: »Den Hirsch.« Nach einem ähnlich kurzen Auftritt im zweiten Akt kann sich der Darsteller des Curio wieder abschminken und nach Hause gehen. Ebenso undankbar sind die sogenannten Anmelderollen. Der einzige Satz, den ein Bedienter in Theodor Körners 1813 uraufgeführtem, längst vergessenem Drama HEDWIG zu sagen hat, nämlich in der zehnten Szene des zweiten Aktes, ist zur noch heute viel zitierten stehenden Redewendung geworden: »Die Pferde sind gesattelt, gnäd'ger Herr.«

Z-Brücke ➤ Verfolger

Zug
Als Teil der Bühnentechnik ermöglichen Züge vertikale Bewegungen beispielsweise von Dekorationsteilen, Soffitten oder Prospekten. Grundsätzlich unterscheidet man Prospektzüge mit an mehreren Zugseilen aufgehängten Zugstangen, die fast so breit wie der Bühnenraum sind und an denen Dekorationen wie die namensgebenden Prospekte parallel zur Rampe aufgehängt werden, Panoramazüge, die eine halbrunde, die gesamte Bühne umspannende Zugstange tragen, und Punktzüge ohne Zugstange, die zum Bewegen kleinerer Teile verwendet werden oder um ein Dekorationsteil schräg zur Rampe aufzuhängen. In allen Fällen werden die Zugseile über Umlenkrollen im Schnürboden an die Seite des Bühnenhauses geführt. Züge werden heute meist computergesteuert mit elektrischen oder hydraulischen Seilwinden betrieben, an vielen Theatern aber noch immer manuell: Am häufigsten verwendet werden Handkonterzüge, bei denen die Last durch auf Gegengewichtsschlitten aufgesetzte Gewichte aus Blei, Gusseisen oder Beton ausgeglichen ist, also lediglich die Reibung durch Muskelkraft überwunden werden muss, wenn sie mit den sogenannten Kommandotauen bewegt werden. Handkonterzüge kann man auch doublieren. Nur noch selten verwendet werden heutzutage Handwinden, bei denen das Zugseil mittels einer Kurbel auf eine Seilwinde gewickelt wird.

Zulage
Eine Schminkzulage steht selbstverständlich nicht jedem Darsteller zu, der vor der Vorstellung in die Maske muss. Doch wer sich der durchaus zeitraubenden Prozedur einer Ganzkörperbemalung zu unterziehen hat, erhält dafür eine Zulage, und auch schon für das Schminken von Beinen oder Armen bekommt man an den meisten Theatern ein

paar Euro extra. Zwar wurden in Deutschland viele Zulagen in den letzten Jahrzehnten abgeschafft – insbesondere beim in dieser Hinsicht einst privilegierten Chor, wie etwa jene für das Tragen schwerer Gegenstände oder das Sprechen von mehr als fünf Worten –, doch noch immer gibt es eine ganze Reihe davon. So erhalten zum Beispiel Bühnenhandwerker, die für das Publikum sichtbar Umbauten tätigen, ebenso eine Zulage wie Statisten für das Sprechen von Text oder für Nacktauftritte – ist hingegen ein nackter Schauspieler laut singend an einem offenen Umbau beteiligt, verursacht das keine Mehrkosten. In Österreich regelt u.a. der zwischen dem Theatererhalterverband Österreichischer Bundesländer und Städte und dem Gewerkschaftsbund abgeschlossenen Kollektivvertrag etliche Zulagen. So heißt es zum Beispiel in § 49, Absatz 6 in Bezug auf den Chor: »Tanzen nach Takt oder Rhythmus ist dann Sonderleistung, wenn vom Regisseur oder Choreographen festlegte Schritte vorgeschrieben werden. Dies gilt jedoch nicht für Gesellschaftstänze, es sei denn, dass hierfür gesonderte Tanzproben erforderlich sind.«

Zuschauerraum

Er kann, je nach Baustil und Größe des Theaters, aus dem Parkett und mehreren Rängen bestehen. Das Parkett beginnt etwas unterhalb der Rampe und steigt in der Regel an, um den weiter entfernt von der Bühne Sitzenden eine ungehinderte Sicht zu ermöglichen. Die Nomenklatur der Platzgruppen differiert: Gewöhnlich bezeichnet man die Plätze in den ersten Reihen als Orchestersitze (englisch: *orchestra stalls* oder *front stalls*/französisch: *fauteuils d'orchestre*), die dahinterliegenden als Parkett- oder Parterreplätze (*rear stalls*), an anderen Bühnen kennt man sogenannte Sperrsitze. Seitlich davon bzw. dahinter befinden sich – so vorhanden – die Parkett- oder Parterrelogen (*stalls slips*/*baignoires*). Darüber können mehrere Ränge liegen, die ebenfalls mit Logen versehen sein können. Manche Theater nennen die tiefste Empore Balkon (*dress circle*, *royal circle, mezzanine*/*corbeille, premier balcon*), andere kennen nur die Nummerierung der Ränge, wobei der 1. Rang stets der am tiefsten gelegene ist. Der oberste Rang mit den billigsten (Steh-)Plätzen, die Galerie, heißt im angloamerikanischen Raum neben *upper circle* auch *balcony* oder *upper balcony*, umgangssprachlich nennt man ihn bei uns Juchhe oder Olymp – der Titel des französischen Films KINDER DES OLYMP bezieht sich auf die Galeriezuschauer, und da man in Frankreich jene Plätze *le paradis* nennt, heißt der berühmte Streifen im Original LES ENFANTS DU PARADIS; die Engländer nennen die Galerie *the gods*. Nicht selten gibt es dort auch Hörerplätze, von denen man keine oder allenfalls eine eingeschränkte Sicht auf die Bühne hat. Die Bühnen- oder Proszeniumslogen (*stage boxes/loges d'avant-scène*) befinden sich zu beiden Seiten der Vorbühne. Während *circle* das englische Wort für Rang ist, bezeichnet man in Österreich als Cercle die der Bühne am nächsten liegenden Plätze vor Parkett und Parterre.

Zweitbesetzung

Wenn man weiß, dass ein Darsteller nicht für alle Vorstellungen zur Verfügung steht, oder damit im Krankheitsfall sofort Ersatz vorhanden ist, studiert man seine Rolle mitunter zugleich mit einem Kollegen ein, der Zweitbesetzung. Anders als bei einer alternierenden, also sich abwechselnden Besetzung, haben Zweitbesetzungen oft keine vertragliche Zusicherung über die Anzahl der Vorstellungen, die sie übernehmen dürfen. Bei kostenintensiven, über Monate oder Jahre sieben- oder achtmal wöchentlich gespielten kommerziellen Produktionen wartet die Zweitbesetzung – natürlich gegen Gage – während jeder Vorstellung als *standby* auf ein mögliches Einspringen, sollte sich der Darsteller den Knöchel verknacksen oder seine Stimme versagen; fest eingeplant ist der Einsatz aber meist nur während des vertraglich vereinbarten Urlaubs der Erstbesetzung. Gelegentlich spielt auch ein Nebendarsteller, im Musical ein Mitglied des *chorus*, bei Bedarf die anspruchsvolle Hauptrolle, die er als *cover* oder *understudy* gleichfalls geprobt hat, da die Umbesetzung seines eigenen kleinen Parts relativ einfach ist. Der sogenannte *swing* hat sämtliche Ensemblerollen seines Geschlechts einstudiert und ist jederzeit in der Lage, diese zu übernehmen.

Literaturhinweise

Berufe am Theater. Hg. vom Deutschen Bühnenverein. Köln [8]2011

Brauneck, Manfred/Schneilin, Gérard (Hg.): Theaterlexikon 1. Begriffe und Epochen, Bühnen und Ensembles. Reinbek [5]2007

Doll, Hans Peter/Erken, Günther: Theater. Eine illustrierte Geschichte des Schauspiels. Stuttgart/Zürich 1985

Giteau, Cécile: Dictionnaire des arts du spectacle. Paris 1970

Grösel, Bruno: Bühnentechnik. Mechanische Einrichtungen. Wien/München 2007

Jacobshagen, Arnold (Hg.): Praxis Musiktheater. Ein Handbuch. Laaber 2002

Mehlin, Urs H.: Die Fachsprache des Theaters. Eine Untersuchung der Terminologie von Bühnentechnik, Schauspielkunst und Theaterorganisation. Düsseldorf 1969

Mobley, Jonnie Patricia: NTC's Dictionary of Theatre and Drama Terms. Lincolnwood 1992

New Theatre Words. World Edition. Tollarp 2001

Pierron, Agnès: Dictionnaire de la langue du théâtre. Paris 2009

Rauhe, Hermann/Demmer, Christine (Hg.): Kulturmanagement. Theorie und Praxis einer professionellen Kunst. Berlin 1997

Rohr, Ursula: Der Theaterjargon. Berlin 1952

Trapido, Joel (General Editor): An International Dictionary of Theatre Language. Westport/London 1985

www.buehnengenossenschaft.de
www.buehnenverein.de
www.kultiversum.de
www.opernlexikon.de
www.thatsmusical.de
www.theaterkompass.ch
www.theaterschweiz.ch
www.theaterverzeichnis.de
www.theatrecrafts.com

Dank

Für hilfreiche Hinweise danke ich Odilia Baldszun, Peter Bocek, Charles Brauer, Hannes Granzer, Monika Häckermann, Lilot Hegi, Romeo Meyer, Hansueli W. Moser-Ehinger, Jürgen Neff, Ilse Nickel, Susi Saussenthaler, Susanne Van Volxem, Karin H. Veit und Silvia Wessang.

Über den Autor

Thomas Blubacher studierte Theaterwissenschaft, Neuere deutsche Literatur und Psychologie in München, wurde an der Universität Bern promoviert und war dort als wissenschaftlicher Assistent und Dozent tätig. Zudem lehrte er als Gastlektor an der Universität Wien und an der California State University, Long Beach. Nach Hospitanzen und Engagements als Regieassistent und Abendspielleiter in Basel, Berlin, Bern, Freiburg und München verantwortete er rund vierzig eigene Inszenierungen in Deutschland, Österreich, der Schweiz und den USA, darunter die Schweizer Erstaufführungen von Michael Heuers TRAKL und Marie Brassards JIMMY, TRAUMGESCHÖPF, die amerikanische Erstaufführung von Helmut Kraussers LEDERFRESSE und die Uraufführung von Rolf Schneiders FEUER AN BLOSSER HAUT, führte Hörspielregie, realisierte Radiofeatures und Lesungen und arbeitete dabei mit Schauspielern wie Guntram Brattia, Charles Brauer, Michael Heltau, André Jung, Katharina Thalbach und Markus Völlenklee zusammen. Daneben ließ er sich weiterbilden am Actors Studio in New York und Los Angeles, u.a. bei Ellen Burstyn, Estelle Parsons und Mark Rydell. Er war Artist-in-Residence in der Villa Aurora in Pacific Palisades, ist Mitglied der Jurys zur Vergabe von Schauspielstipendien der Friedl-Wald-Stiftung und des »featurepreises« der Stiftung Radio Basel sowie Stiftungsrat der Schweizerischen Theatersammlung Bern. Zu seinen zahlreichen Buchveröffentlichungen gehören die im Henschel Verlag erschienenen Biografien über Eleonora und Francesco von Mendelssohn, Oskar Wälterlin und Gustaf Gründgens.

Außerdem lieferbar:

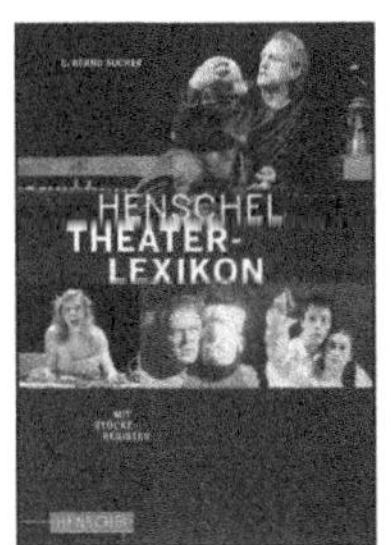

C. Bernd Sucher

Henschel Theaterlexikon

Autoren, Regisseure, Schauspieler, Dramaturgen, Bühnenbildner, Kritiker

Mit Stückeregister
€ [D] 24,95 / € [A] 25,70
ISBN 978-3-89487-617-3

Das biografische Lexikon präsentiert mit 2000 Einträgen die für das Theater maßgeblichen Autoren, Regisseure, Schauspieler, Dramaturgen, Bühnenbildner und Kritiker im 20. und 21. Jahrhundert. Den jeweils prägnant formulierten Biografien der Personen folgt eine ausführliche Aufzählung ihrer hauptsächlichen Arbeiten, ergänzt durch Würdigungen der Kritik und weiterführende Literatur. Ein unentbehrliches Handwerkszeug für Theaterprofis und gleichermaßen ein wichtiges Nachschlagewerk für interessierte Laien.

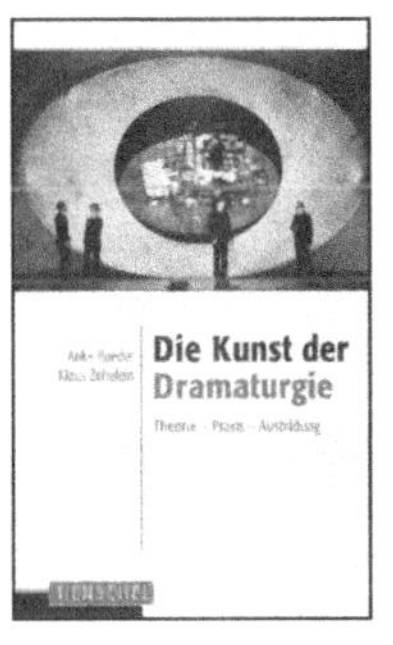

Anke Roeder / Klaus Zehelein (Hg.)

Die Kunst der Dramaturgie

Theorie – Praxis – Ausbildung

288 Seiten
€ [D] 24,90 / € [A] 25,60
ISBN 978-3-89487-655-5

Dieses Handbuch bietet Informationen zu allen dramaturgischen Wirkungsfeldern. Neben der Analyse, Bearbeitung und Übersetzung von Texten zählt dazu die Auswahl geeigneter Stücke und die Gestaltung des Spielplans, die Beratung bei der Auswahl von Regisseuren, Schauspielern, Tänzern, Performern etc., die Redaktion von Programmheften, Öffentlichkeitsarbeit sowie Projektmanagement.